# 2023

# 教学学术

## Scholarship of Teaching and Learning

《教学学术》编委会　主编

1

上海交通大学出版社
SHANGHAI JIAO TONG UNIVERSITY PRESS

**内容提要**

本书围绕高校教学学术的研究与实践,由"行动与研究",教与学的实践结果研究和理论研究;"课程思政",课程思政的探索与研究;"谈学论教",教与学的策略和方法;"前沿理念",教与学的前沿性探索与实践;"教育国际化",聚焦国际化教育的实践经验分享;"教学发展",促进教师教学专业化发展方面的策略与效果研究六大部分组成。本书适合高校教师、教学发展人员、高等教育领域的专业研究员、教育行政人员以及其他感兴趣的读者。

**图书在版编目(CIP)数据**

教学学术.2023.1/《教学学术》编委会主编.—
上海:上海交通大学出版社,2023.6
ISBN 978-7-313-28751-9

Ⅰ.①教…  Ⅱ.①教…  Ⅲ.①教学研究—文集  Ⅳ.
①G420-53

中国国家版本馆 CIP 数据核字(2023)第 090370 号

**教学学术(2023.1)**

**JIAOXUE XUESHU(2023.1)**

| | | | |
|---|---|---|---|
| 主　　编: | 《教学学术》编委会 | | |
| 出版发行: | 上海交通大学出版社 | 地　　址: | 上海市番禺路 951 号 |
| 邮政编码: | 200030 | 电　　话: | 021-64071208 |
| 印　　制: | 上海天地海设计印刷有限公司 | 经　　销: | 全国新华书店 |
| 开　　本: | 787mm×1092mm　1/16 | 印　　张: | 8 |
| 字　　数: | 184 千字 | | |
| 版　　次: | 2023 年 6 月第 1 版 | 印　　次: | 2023 年 6 月第 1 次印刷 |
| 书　　号: | ISBN 978-7-313-28751-9 | | |
| 定　　价: | 52.00 元 | | |

# 编 委 会

# 序

  教学学术(Scholarship of Teaching and Learning，SoTL)概念于 1990 年首次提出，近 30 年来，国际上已经逐步掀起了教学学术研究的热潮，时至今日仍方兴未艾。近年来，关于教学学术的研究与实践也开始在国内兴起。2016 年，教育部《关于深化高校教师考核评价制度改革的指导意见》明确提出要"确立教学学术理念""提升教师教学学术发展能力"，这把教学学术在我国的发展推向了高潮。

  上海交通大学是国内较早开展教学学术研究与实践的高校之一。2011 年，学校就成立了教学发展中心，组织教师开展了教学学术研究与实践，在助力学校拔尖创新人才培养的同时，在国内相关领域占据了一席之地。特别值得一提的是，由教学发展中心主办的教学学术年会已经成为国内教学学术领域最有影响力的交流平台之一。

  然而，与国际研究前沿相比，我国在教学学术领域的研究仍处于探索阶段，特别是缺乏本领域专业期刊的现状制约了教学学术的交流与思想碰撞。在这样的背景下，《教学学术》应运而生。《教学学术》旨在通过出版教学学术成果，为广大高校一线教师和教学发展人员、教学管理人员搭建交流与分享的平台，推动和促进国内各高校教学学术共同发展。

  《教学学术》的出版，将有助于推动我国高校教学学术融入国际教学学术研究的浪潮，同时，更将扎根中国教育教学改革的热土，通过提升广大教师的教学学术能力来切实提高高校的人才培养质量。

  希望《教学学术》能通过跨学科教学学术研究与实践的成果交流，成为传播与弘扬教学学术文化的载体、沟通教与学理论及实践的桥梁、教学学术交流的平台。我相信，在广大作者、读者、编者的共同努力下，《教学学术》一定会成为兼具跨学科和重实践特色、国内引领、国际知名的教学学术交流平台。

中国工程院院士，上海交通大学原校长、党委副书记

林忠钦

2018年6月

# 目　录
## Contents

## 前沿理念

# 研究生理科专业课线上直播与录播
# 教学效果的对比研究

钟贻森　奚　颖　闻　捷　朱本华　田冰雪

**摘　要**：直播与录播教学是当前新兴网络教学的两种主要模式，同时也是新型冠状病毒疫情发生以来代替传统课堂教学而普遍采用的线上教学方式。尽管网络教学的便利性与有效性已被更多师生所接受，但两种教学方式的教学效果尚未得到较好的对比研究。本研究利用一门研究生理科专业课，选取了内容与难度较为相似的三个节段，分别以直播、录播与直播录播相结合的形式进行了教学实验研究。实验结果表明：尽管录播教学具有更好的学习效果，但直播教学仍然是绝大多数学生的选择。学生选择直播的原因主要是其更贴近传统的课堂教学方式，而录播对学生的自主学习能力有较高的要求。在实际进行三种教学方式对比时，我们发现直播教学下学生的平均学习成绩优于录播，证明学生学习的兴趣与内驱力不足，传统的约束型、任务型教学方式仍是驱动学生学习的主要动力。直播录播相结合的教学方式与纯直播相比，学生平均成绩仅有微小提高，显示了录播视频的附加效益并不高，学生仍以直播学习为主。录播教学有利于提升学生的自主学习能力，促进专业教育与能力教育的结合，但目前尚不能为绝大多数学生所接受，因此如何实现直播与录播教学的优势互补仍然有待于进一步研究与发掘。

**关键词**：网络直播教学；网络录播教学；教学效果

**作者简介**：钟贻森，男，上海交通大学海洋学院，副教授，博士，研究方向为物理海洋学，邮箱：yisen. zhong@ sjtu. edu. cn；奚颖，女，上海交通大学海洋学院，助理研究员（高教管理），硕士，研究方向为教学与教务管理，邮箱：xiyingsophie@sjtu. edu. cn；闻捷，女，上海交通大学海洋学院，硕士，研究方向为高校教育，wen007@sjtu. edu. cn；朱本华，男，上海交通大学海洋学院，副教授，研究方向为一般力学，bhzhu@sjtu. edu. can；田冰雪，女，上海交通大学海洋学院，助理研究员，硕士，研究方向为教育管理，bingxuetian@sjtu. edu. cn。

**基金项目**：本研究受上海交通大学 2020 年教学发展基金（CTLD20J0052）资助。

## 1 引言

一直以来,大学课程的教学形式以线下课堂教学为主,线上教学一般仅作为辅助,很少成为正式的大学课堂教学。2020年,一场突如其来的疫情使线上教学成为全国大中小学采用的主要教学方式。疫情期间较为常用的在线教学形式主要有两种,即直播与录播。直播就是直接将面对面的课堂教学网络化,以视频直播的形式在线授课;而录播则是教师将录制好的教学视频发送至网络平台上供学生提前自行观看和学习,类似于慕课、Coursera之类的网络公开课,之后的在线上课时间则以重点与难点阐释、问题答疑等互动形式为主。直播的优点在于教师与学生实时互动,学生注意力容易集中,教师可以迅速了解学生对知识点掌握的情况,学生不懂的问题也可以即时从教师那里获得答案与解释,这种方式与传统课堂教学十分接近,因此直播教学也让教师与学生更加容易接受。录播的优势在于给予学生更多的自主安排时间、自主掌握视频播放速度和次数来提高学习的自由度,学生可以通过反复播放视频提高学习效果,提前的自学也能留给学生足够的思考时间,因此可以使学生在课堂上的提问更加有深度,教师的重点难点讲解也更加有针对性。两种方法各有千秋,从全国范围看,直播课堂是网上教学的主要手段,而录播视频教学仍然是以公益性教学为主。上海交通大学在进行了一周的试讲后,根据学生的信息反馈以及课程督导观看到的课堂效果,普遍认为直播课堂教学效果优于录播教学。与此同时,上海交通大学海洋学院通过问卷、试讲等调研手段也得到了相同的结论。但我们认为,对于中小学生,因为其注意力容易分散,需要教师在课堂上引导并加以规范纪律,直播无疑是一种更好的形式。然而对于已经成人的大学生或研究生阶段的学生,以及有着不同培养目标(专业知识与学习能力)的各类大学和研究生课程来说,是否能一概而论? 录播课程是否能够更好地加强学生对专业知识的学习与能力提升? 这是本研究要深入探讨的问题。

## 2 文献回顾

目前国内有关慕课等网络录播教学与传统课堂教学效果的对比研究,以及传统课堂教学转化为慕课教学可行性分析方面的研究较多,但这些研究多数只限于两者形式之间的差异比较,如教学与学习方式、受益面规模等[1-4]。丁盼盼[5]指出传统课堂教学中"教"的成分过大,妨碍了学生自主学习能力的培养,但并未给出充分的调研数据支撑。也有学者提出将传统教学与慕课课程相结合的教学方式,以充分发挥两者各自的优势[6-7]。但这种方式对外界的依赖性较大,很多专业性强的课程并不一定有相关的慕课资源。国外也有诸多传统教学形式与线上视频录播授课效果的比较研究。卡德尔(Cardall)[8]等认为尽管目前直播教学仍然是主流,但越来越多的学生发现录播具有等同或更大价值;沙克特(Schacter)与斯普纳(Szpunar)指出录播教学能够包含针对学生的自律训练,尽管学生观看录播视频时开小差走神的现象时有发生,但可以通过在视频中不规律地设置小测验的方式改善这种现象[9];祖布里克(Zureick)等[10]对 439 名大一新生进行了两种模式的对比实验,发现不论何种模式,学习成绩均与学生参与度和认真程度相关,都存在开小差并影响学习成绩的现象,但坚持使用一种学习模式效果会更好。由此可见,尽管直播教学具有传统优势与良好的教学效果,但录播这一新型教学方式正受到国内外越来越多教师和研究者的关注,其优点也正逐渐获得教师与学生的认同。

在对比课堂教学与网络教学方面,不同学生群体与不同专业领域所产生的研究结果存在分歧。麦克纳尔蒂(McNulty)等[11]针对医学院本科生的研究发现,学生自主观看录像的比例太低,因而课堂教学的学习效果优于网络教学;威廉斯(Williams)等[12]通过对经济学专业本科生的实验发现,录像作为课堂教学的补充较好,但替代课堂教学的效果并不理想;拉姆洛根(Ramlogan)等[13]发现在临床医学实践课程的基本技能掌握方面,课堂授课与录像教学的效果相近,但更深层次的认知学习则是课堂教学的效果更好,学生反馈表示更希望得到两者结合的教学方式。与上述相反,也有较多数量的研究支持录像教学效果优于传统课堂教学,例如:麦金尼(McKinney)等[14]发现听音频教学的心理学专业学生成绩显著高于参与课堂学习的学生,原因在于前者能够重复听课,进而加强了对知识的记忆;巴蒂(Bhatti)等[15]也通过对医学院学生的实验发现,网络教学的学生成绩显著高于课堂学习,尽管学生对两种授课方式均感到满意;同样对于医学院学生,艾森(Eisen)等[16]发现喜欢在线课程的学生成绩会更好,而对于不喜欢此的学生则没有显著差异。综上所述,目前研究主要关注两种模式下学生的表现与成绩的对比,对于学生自学与自律能力的讨论相对较少,而国内在这方面的研究更是相对缺乏。

## 3 研究设计

我们以上海交通大学海洋学院 2020 年春季开设的"近海海洋学"课程与学生作为直播与录播教学的研究对象。"近海海洋学"是一门面向硕士、博士研究生的专业选修课程,其内容以理论物理与数学公式推导为主,难度相对较大。受本专业学生人数体量的限制,选课学生相对偏少,共 13 人,没有平行班,难以采取对照组实验设计。课程内容分为六章:第一章,"导论";第二章,"风对近海的作用";第三章,"海水层化对近海的作用";第四章,"地形对近海的作用";第五章,"近海观测";第六章,"摩擦对近海的作用"。除第一章内容较为基础且简单,第五章由学生讲解,第六章内容难度较大外,剩下的第二、三、四章均为外在因素对近岸海洋的影响,物理含义与数学推导难度相近,章节长度相似。因此,我们选取了这三个教学节段,分别以纯直播、直播与录播结合、纯录播形式进行教学(见表 1)。每个章节后都留有作业与章节测验,用来评估学生的学习效果。另外,学校提供的在线课程平台——Canvas 系统也可以从后端监测学生在线学习活动的频次、时长等情况,可以获得学生在不同节段自主投入学习的数据。最后,我们通过调查问卷与直接访谈的形式,对每一位选课学生的想法进行记录,以便对直播和录播课程影响学生学习效果的主观原因进行深入分析。问卷内容包含:①背景知识类(如本科专业,学生对先修课程数学、物理掌握情况的自我评估);②学习模式类(如对两种教学模式的倾向与原因,两种模式下的学习方式、花费时间等);③学习效果类(如两种模式下分别有利于达到哪些正向的学习效果及其主客观原因等)。访谈采取线上一对一的形式,设置在问卷调查之后。内容主要针对学生对课程学习效果与自身能力培养、学习习惯与教学模式等问题进行深度探讨。我们在设置问卷问题与访谈问答过程中尽量保持客观中立的态度与表述,避免因教师倾向性而给学生的回答带来引导性的影响。

**表1 直播与录播教学实验设计**

| 授课内容 | 授课方式 |
|---|---|
| 第二章 风对近海的作用 | 录播 |
| 第三章 海水层化对近海的作用 | 录播+直播 |
| 第四章 地形对近海的作用 | 直播 |

## 4 研究结果

所有学生均对调查问卷做了详细的回答。在背景知识方面,所有学生均为理工科专业,数理能力的自我评估均为中等(5~7分,10分制)。表2统计了问卷调查中与学习模式有关的量化信息结果。100%的学生希望直播与录播教学都能提供,但这只是基于教学资源多多益善的需求,并不能说明教学效果会有显著改进。92%的同学倾向于直播为主、录播为辅的教学,这表明类似传统课堂教学这种面对面实时传授知识的手段仍然是多数学生的首选。对比直播与录播授课,约85%的学生会在录播知识学习上花费更多的时间,而直播相对更加节省时间,两者的时间比例大约为2∶1,即录播教学时学生要花费2倍的直播时间才能达到其自认为等同的效果。时间成本是课程较多与课业较重的学生群体选择授课方式时考虑的重要因素之一。通常一次直播课程时间或录播视频节段时长均为1.5小时,所有学生反馈直播基本可以全程集中精力,仅会有短时间放松;而进行录播教学时,46%的学生平均一次看录播的时长为2~3小时,38%的学生单次平均花费时间1~2小时,16%的学生单次平均花费时间少于1小时。时长较长的部分原因是学生在观看录播视频时注意力集中方面不及直播教学,直播时教师实时在线对学生会形成一定的约束力。在观看录播视频教学时,62%的学生会按需求加速或减速观看录播,31%的学生选择全加速观看,7%的学生选择全减速观看。该统计结果反映了课程难度适中,可以排除由于课程难度过大而带来学生自学时困难过大的情况。

表2 直播与录播教学调查问卷数据统计

| | 直播 | 录播 |
|---|---|---|
| 学生倾向/% | 92 | 8 |
| 认为花费时间更多/% | 15 | 85 |
| 单次平均花费时间/h | 1.5 | 46%:2~3 |
| | | 38%:1~2 |
| | | 16%:少于1 |
| 观看速度 | | 62%:按需 |
| | | 31%:加速 |
| | | 7%:减速 |

通过调查问卷与直接访谈,我们总结了学生愿意选择直播课或录播课的主要原因(见表3)。由表3可以看出,无论是直播还是录播课程,学习效果并不是学生选择的第一要素,学生最为重视的是课堂过程是否符合自己的学习习惯与偏好。比如直播课程可以在课堂上随时找老师解答疑惑,有老师与同学参与的课堂更加符合自己以往上课的习惯,部分同学也会考虑课堂上老师与学生的教学互动以及大家一起参与课堂的趣味性等。而录播课程学习的时间地点安排均相对自由,视频的重复播放、回放、加速与减速观看等功能也给学生带来了学习上的极大自由度。由此可见,学生选择直播与录播课程的主要原因在于学习过程而非效果。但学习过程本身的优势主要由直播与录播自身的天然特点所决定,由于直播与线下课堂教学更加相近,因此受到了绝大部分学生的青睐。

表3 学生愿意选择直播与录播课程的主要原因(按重要程度降序排列)

| 更喜欢直播课的原因 | 更喜欢录播课的原因 |
|---|---|
| (1) 可以随时提问,有课堂气氛,教学不枯燥 | (1) 可以按照自己的节奏与速度来学习 |
| (2) 有上课的仪式感和对老师的尊重 | (2) 可以随时随地看,可以灵活安排时间 |
| (3) 有同学一起上课感觉更好,可以学得更好 | (3) 可以学得更好 |

上述研究结果反映了学生选择直播与录播教学的主要考虑因素。表4通过学生对直播与录播课程更为详细的评价,直观地反映了影响学生选择直播与录播时的重要内在因素。尽管本课程的学生数量不多,但表4仍清晰地显示出一些令人感兴趣的结论。除了前面提及的录播学习有较大的自由度外,录播教学的另一个重要优势是在学习效果上明显优于直播教学,如学到的知识更多,记住的内容更多。而直播教学的效果优势则集中在时间成本、激发兴趣、集中精力以及学习动力等方面。也就是说,尽管录播教学可以达到更好的学习效果,但对学生自律性、自主学习的能动性、自愿学习的内驱力都有较高的要求。然而,参与本课程学习的绝大多数学生对自己在这些方面的自控力缺乏信心,因此退而求其次,选择对自己约束性更大、更贴近传统线下课堂的直播教学。

表4　直播与录播教学效果对比(表格中的数字为支持人数百分比,单位:%)

|  | 直播较好 | 直播更好 | 两者相同 | 录播较好 | 录播更好 |
|---|---|---|---|---|---|
| 节约时间 | 30.8 | 15.4 | 30.8 | 23.0 | 0 |
| 可以边查阅边学习 | 0 | 0 | 0 | 69.2 | 30.8 |
| 适时调整学习压力 | 15.4 | 0 | 7.7 | 38.5 | 38.4 |
| 容易集中精力 | 38.5 | 23.0 | 15.4 | 7.7 | 15.4 |
| 知识接受速度更快 | 7.7 | 7.7 | 38.5 | 38.5 | 7.6 |
| 学习的知识更多 | 7.7 | 0 | 61.5 | 30.8 | 0 |
| 记住的内容更多 | 23.1 | 0 | 0 | 69.2 | 7.7 |
| 更有学习动力 | 76.9 | 15.4 | 7.7 | 0 | 0 |
| 容易激发兴趣 | 53.8 | 7.7 | 23.1 | 0 | 15.4 |

　　直播与录播相结合的教学方式事实上就是两者简单叠加,给学生提供更多的资源与选择,无疑会受到所有学生的青睐。直播与录播相结合的教学方式需要授课教师在首次准备课程时付出几倍的努力与时间。采用两者结合的教学方式是否会比单纯的直播或录播达到的效果有显著改进,是决定授课教师是否有意愿花几倍时间准备录播教学资源并同时为直播教学备课的重要因素。三种教学方式按照教学进程以先纯录播,其次以录播直播结合,最后以纯直播的顺序开展。表5显示了随着直播的加入,学生观看录播视频的时长减少了一半以上,这意味着学生减少了对录播视频的依赖。本课程为理论基础课,因此在衡量学习效果的章节测验中,我们主要针对基本物理概念、过程、意义理解方面进行了考察,题目从试题库中同等难度的题目中选取,题型均采用问答与论述的形式,以确保难度相当。另外,由于专业知识内容均为外界因素对近海海洋的影响,因此从专业层面也比较容易把握测验难度等级,以便进行章节间横向比较。对比三种教学方式的学习效果,加入直播后学生的平均成绩有了显著提高,而去掉录播视频后,成绩仅有微小退步,说明在直播录播结合的教学方式下,学生仍强烈依赖直播教学,而录播的附加效果在平均意义下几乎可以忽略。另外,直播录播的简单结合可能会给课堂教学带来困难。例如,选择录播的学生在课堂上会期待难点与重点内容的讲解,而对基础的、简单的知识不感兴趣,因此直播与录播结合的优势得不到充分的发挥。

表5　课程三个章节在不同教学方式下的平均观看时长与平均成绩

|  | 第二章 | 第三章 | 第四章 |
|---|---|---|---|
| 线上教学形式 | 录播 | 录播＋直播 | 直播 |
| 章节平均观看时长/h | 9.4 | 4.6 | — |
| 章节平均成绩(百分制)/分 | 88 | 92.7 | 92.3 |

# 5　总结与讨论

本研究利用 2020 年疫情期间线上教学的机会,对一门研究生的专业理论课进行了直播、录播、直播与录播相结合的三种不同教学设计,重点调查了在不同教学方式下学生的学习效果及其选择直播与录播的内在原因。从直播教学与录播教学的本质来看,教学内容与教学方式差别不大。直播具有实时性,声音和画面实时传递,教学互动实时进行;录播具有错时性,声音和画面首先传递,教学互动延后进行。直播教学给予老师现场发挥的空间和对课堂授课速度的调节控制空间;录播教学则能保障教师百分之百准确无误地将知识点足时足量地传授给学生,将调节学习速度的权利下放给每位学生,因而更加人性化。尽管录播教学看起来对学生有更大的友好性与针对性,在学习效果上也获得了绝大多数学生的认可,但学生仍愿意选择以直播为主、录播为辅的教学方式。

上述学习效果与方式选择形成的相反结论与一直以来线下课堂教学形成的学习习惯密不可分,也反映了大部分学生自主学习的能动性与兴趣的明显不足。无论是本科生还是研究生,我们的教育均需培养学生对自身专业的兴趣以及自主学习的能力,及早摆脱过去灌输式、任务式的学习。从这个角度考虑,录播教学相对于直播更有助于学生养成自主学习的习惯,培养独立学习与工作的能力。这种潜在素质能力的培养也应该是专业知识教学中必须涵盖的重要教学目标。在传统课堂教学向录播教学转变的过程中,学生必然会存在一个阵痛期。如前所述,直播教学有利于专业知识的学习,录播教学有利于学生能力的培养,但简单的直播录播结合并不能够有效发挥两者的优点,无法解决知识与能力同时提高的问题。因此,如何对在线教学的不同模式进行更有效的结合,或者如何有效地进行线下课堂与线上资源的有机结合,需要更多深入的教学研究。

在直播与录播结合的线上课程中,直播与录播的衔接是能否发挥两者优势的一个关键。在两者之间增加学生录播学习效果的前测以及线上讨论答疑 BBS 版块,既可以营造学生之间互帮互助的良好学习氛围,也有助于教师把握学生在学习过程中的难点,从而更好地定位直播教学过程中需要阐释的重点,提高直播教学的效率与质量。另外,同伴学习或小组合作学习的形式也可以帮助录播与直播学习之间有效衔接。比如,通过引入小组合作任务、小组间比赛,激发学生对录播学习的动力;在学生评价中增加小组评价的部分,促进组内凝聚,激发组间竞争,使学生主动发掘和利用录播与直播教学对自身学习的优势,形成积极向上的正反馈学习闭环。

本研究由于受条件所限(疫情过后恢复线下教学),仅进行了一次研究生专业理论课试验,样本量也偏少。尽管理论课章节难度相似,但授课的前后顺序也会影响学生的学习兴趣与动力,从而使学习效果产生一定的偏差。另外,作业与考试题目的评判仍可能存在少许主观因素。综上所述,尽管本研究的结论尚存在一定的局限性,但对今后越来越丰富的线上教学提供了初步的先导研究,因此具有一定的启示与参考价值。

## 参考文献

［1］赵言诚,孙秋华,姜海丽. 慕课与传统课堂教育的比较与对策[J]. 黑龙江高教研究,2016(8)：156 - 158.

［2］王保国. 关于"慕课"(MOOC)和传统课堂教学模式关系的思考[J]. 黑龙江教育学院学报,2016,35 (10)：39 - 41.

［3］张军伟. 慕课与传统教学模式的比较与启示[J]. 当代教育实践与教学研究,2017(3)：9 - 10.

［4］陈华. 慕课与传统课堂的比较研究——基于 Audenshaw School 的调研和反馈[J]. 成才之路,2020 (9)：50 - 51.

［5］丁盼盼. 慕课与传统教学模式的比较分析[J]. 教育现代化,2016(39)：37 - 38.

［6］张继东,易红燕. 整合慕课与传统课堂的高校创新教学模式研究[J]. 新校园(上旬刊),2015(1)：106.

［7］杨晨,闫薇. 结合传统课堂与 MOOC 的混合式教学模式研究[J]. 电脑知识与技术,2017,13(5)： 79 - 80.

［8］CARDALL S, KRUPAT E, ULRICH M. Live lecture versus video-recorded lecture：are students voting with their feet? [J]. Academic Medicine：Journal of the Association of American Medical Colleges, 2008,83(12)：1174 - 1178.

［9］SCHACTER D L, SZPUNAR K K. Enhancing attention and memory during video-recorded lectures. [J]. Scholarship of Teaching and Learning in Psychology, 2015,1(1)：60 - 71.

［10］ZUREICK A H, BURK - RAFEL J, PURKISS J A, et al. The interrupted learner：how distractions during live and video lectures influence learning outcomes. [J]. Anatomical Sciences Education, 2018, 11(4)：366 - 376.

［11］MCNULTY J A, HOYT A, GRUENER G, et al. An analysis of lecture video utilization in undergraduate medical education：Associations with performance in the courses. [J]. BMC Medical Education, 2009,9：6.

［12］WILLIAMS A, BIRCH E, HANCOCK P. The impact of online lecture recordings on student performance. [J]. Australasian Journal of Educational Technology, 2012,28(2)：199 - 213.

［13］RAMLOGAN S, RAMAN V, SWEET J. A comparison of two forms of teaching instruction：video vs. live lecture for education in clinical periodontology. [J]. European Journal of Dental Education. 2014,18(1)：31 - 38.

［14］MCKINNEY D, DYCK J L, LUBER E S. iTunes university and the classroom：can podcasts replace professors? [J]. Computers & Education. 2009,52(3)：617 - 623.

［15］BHATTI I, JONES K, RICHARDSON L, et al. E-learning vs. lecture：which is the best approach to surgical teaching? [J]. Colorectal Disease, 2011,13：459 - 462.

［16］EISEN D B, SCHUPP C W, ISSEROFF R R, et al. Does class attendance matter? results from a second-year medical school dermatology cohort study [J]. International Journal of Dermatology, 2015,54(7)：807 - 816.

# A comparative study on the students' preference and performance between the online live lecture and video-recorded lecture in a graduate theoretical course

**Zhong Yisen，Xi Ying，Wen Jie，Zhu Benhua，Tian Bingxue**

**Abstract：** Due to the impacts of COVID-19 epidemic，the online live lecture and video-recorded lecture were used to substitute the traditional onsite classroom teaching in 2020. However，the students' preference and performance under these two teaching styles are not fully evaluated. In this study，we select three chapters with similar difficulty level from a graduate theoretical professional course，and offer them to the students with the online live lecture，video-recorded lecture，and both respectively. The results reveal that the online lecture is still the top preference for the vast majority of the students owing to the resemblance with the traditional classroom teaching，although they admit that they can learn more and better with the recorded lecture. The pre-recorded video lecture requires the students to be capable of studying independently. Further results from questionnaires prove that the lack of enough motivation and interest is the main reason why they prefer the supervised learning over self-learning. The students' performance does not increase significantly even both lectures are provided，indicating the small value added by the video lecture. The capability of self-studying is a critical ingredient in the current higher education. Therefore，it needs further investigation on how to develop an effective online teaching.

**Key words：** online live lecture；online video-recorded lecture；teaching effect

# 改进的问题式教学法促进大学生批判性
# 思维倾向的实证研究

田社平　邱意弘　张　峰

**摘　要：** 基于前期的研究,研究者提出改进的问题式教学法,采用不相等实验组对照组前后测的准实验研究,并辅以行为观察数据和质性资料的分析,探究在"电路理论"课程教学中采取改进的问题式教学法如何促进大学生批判性思维倾向的发展。研究表明,改进的问题式教学对工科大学生的批判性思维倾向有显著的促进作用。作者认为,为有效开展改进的问题式教学,以达到促进学生批判性思维发展的目的,除前期研究提出的要求之外,还应注意如下几点:①引导学生学会提问;②对问与答活动进行合理评价,提高学生的参与度;③根据学生的学习基础改进教学,提高学生的学习兴趣;④鼓励学生的思想开放精神,培养学生的认知成熟度。

**关键词：** 批判性思维;批判性思维倾向;改进的问题式教学

## 1　引言

培养批判性思维能力是世界高等教育改革的共同目标[1]。大量的研究表明,可以采用合适的教学模式,通过常规的课堂教学来发展学生的批判性思维。已经有成功的实践研究证明,协作学习、基于问题或项目的研究性学习、基于网络的在线交流、学术性对话等"教"与"学"的模式对发展学生的批判性思维具有促进作用[2-3]。

作者曾采用问题式教学法在专业基础课程"电路理论"中开展工科大学生批判性思维倾向的实证研究,证明问题式教学对大学生的批判性思维倾向有显著的促进作用[4]。在那项研究中,问题式教学主要采用课堂问题讨论和课外小组讨论的形式,班级的学生规模为60人左右。这样的教学形式对于数十人学生规模的班级还是合适的。由于课外小组数相对较少(一般每组学生人数6～7人,小组数不超过10组),教师有足够的时间和精力来组织、引导和促进各小组的讨论活动。然而,当班级的学生规模扩大,如果仍然采用上述问题式教学

**作者简介：** 田社平,男,副教授,工学博士,邮箱:sptian@sjtu.edu.cn;邱意弘,女,副教授,工学博士,邮箱:yhqiu@sjtu.edu.cn;张峰,男,教授,工学博士,邮箱:fzhang@sjtu.edu.cn。

**基金项目：** 教育部高等学校仪器类专业新工科建设立项项目(2018C052);上海交通大学教学发展中心研究项目(CTLD17B 0043)。

形式,那么课外小组数必然要增加,这样就会使教师没有足够的时间和精力来保证教学的正常开展,从而影响问题式教学的效果。

能否找到一种在教学实践中可操作性更强、教学效率更高的教学模式来促进大学生批判性思维倾向的发展,是一个需要探索和研究的问题。为此,作者在已有工作的基础上,提出了一种改进的问题式教学模式,能够用于超过 100 名学生的大班教学。在研究中,采用不相等实验组对照组前后测的准实验研究,并辅以行为观察数据和质性资料分析,以探究如何有效利用问题式教学促进大学生批判性思维倾向的发展。

## 2 概念界定与研究假设

### 2.1 批判性思维倾向

已有大量的文献对批判性思维进行概念界定。一种被普遍认可的定义为,批判性思维是指"针对相信什么或做什么的决定而进行合理的反省思维"[5]。批判性思维由态度倾向和技能两方面构成。费希纳(Facione)等[6]为测量批判性思维倾向性,将批判性思维倾向分为 7 个方面的特质:寻找真相、思想开放性、分析能力、系统化能力、批判性思维自信心、求知欲和认知成熟度。

### 2.2 改进的问题式教学

问题式教学以提出问题、分析问题、解决问题为线索,并把这一线索贯穿于整个教学过程。它鼓励学生尽可能找到更多的方法,注重知识的探索过程,并具有探究性、自主性和研究性的特点[7]。问题式教学从问题出发,通过对问题的分析,发现新的问题,再分析,最后达到解决问题的目的,整个教学过程增强了学生学习的主动性和积极性。对问题的求证求解必然涉及材料的收集、观点的分析与综合、合理的推断与推理、质疑与辨析等过程。因此,问题式教学能为批判性思维的发展提供有利条件。

问题式教学可采取多种实施形式。在本研究中,改进的问题式教学是指课堂教学开展问题讨论、课外教学开展问与答的活动。这里的问与答的活动是指通过师生共同设计活动的形式,由学生互问互答,教师予以引导,最后由师生共同完成活动评价的一种教学形式。

### 2.3 研究假设

本研究基于前期研究,采用不相等实验组对照组前后测的准实验研究,并辅以行为观察数据和质性资料分析,在"电路理论"课程教学中探讨改进的问题式教学对大学生批判性思维倾向的影响。为此,本研究假设:改进的问题式教学对大学生批判性思维倾向的发展具有促进作用。

# 3 研究过程

## 3.1 研究设计

2017—2018 学年第二学期,选取 2017 级 3 个本科班级的学生作为研究对象。在 16 个教学周里,3 个班级由不同的教师授课,采用的教材、教学内容、教学进度均一致;但在教学方法上,一个班级(实验班)采用改进的问题式教学法,另外两个班级(对照班)采用传统的讲授式教学法。授课教师均为课程组成员,讲授"电路理论"课程均超过 20 轮,对课程内容均具有较深入的理解。

为检验教学方法对学生批判性思维倾向性的影响,采用中国版批判性思维倾向量表(CTDI-CV)在课程教学开始前和结束时分别对 3 个班的学生进行前后测试。同时,针对问与答活动设计问卷调查表,在学期结束时由学生填写。此外,还有学生访谈、师生交流反馈、教师观察、学生作业、测验成绩等数据资料,作为检验改进的问题式教学法是否有效促进学生批判性思维倾向发展的数据。

研究的自变量为不同的教学方法,即改进的问题式教学法和传统讲授式教学法;因变量为学生的批判性思维倾向。

## 3.2 研究工具

### 3.2.1 中国版批判性思维倾向量表

CTDI-CV 是由彭美慈等[8]对法乔恩(Facione)等开发的加利福尼亚批判性思维倾向量表(CCTDI)进行本土化修订而来的。它保留了批判性思维倾向的 7 个维度,每一维度包含 10 个题项,共 70 个题项,其中正性题项 30 题、负性题项 40 题。在本研究中,实验班前、后测得到的 CTDI-CV 量表的克龙巴赫 $\alpha$ 值分别为 0.900 和 0.934,对照班 CTDI-CV 量表的克龙巴赫 $\alpha$ 值也都超过 0.892,具有较高的信度。

### 3.2.2 问与答活动问卷调查表

问与答活动是本研究中问题式教学法的主要改进内容。为考察实验班学生对问与答活动的态度,设计了调查问卷,调查内容包括三项:①我认为本课程问与答活动对我学习本课程具有帮助;②我希望在其他课程的学习中能够有类似的活动;③我认为问与答活动在下述方面对我有所帮助(提出问题的能力、分析与解答问题的能力、促进积极思维、增进同学关系、与人交流沟通、学习本课程的兴趣、提高对本课程的理解、工具应用如文件编辑与 QQ 聊天)。其中前两项采用利克特 Liker 5 点量表评定(5 表示非常同意,1 表示非常不同意),第三项为多项选择题。

### 3.2.3 各种线上、线下师生、生生互动质性材料

实验班还通过线上班级 QQ 群和 E-mail 等通信方式进行线上互动的记录,以及线下答

疑、交流、问询、观察的情况,来反映学生学习的投入程度及学生对问题思考的深入程度。

### 3.3 实验班的教学设计

#### 3.3.1 课程简介

"电路理论"是上海交通大学工科平台的专业基础课程(4 学分,64 学时),面向大一学生。课程主要讲授电路的基本理论和基本分析方法,具有很强的系统性和理论性,同时也具有极强的工程应用背景。通过学习该课程,学生不仅能够掌握课程知识,而且也能锻炼思维能力和工程应用能力。

实验班和对照班学生主要来自工科平台所覆盖的各工科学院,包括电子类、机械类、材料类、生物医学工程等专业。

#### 3.3.2 课堂教学安排

按照研究设计,实验班的教学形式包括课堂讲授、课堂问题讨论、课外问与答活动。整个学期,课堂讲授与问题讨论交替进行,所占时间比约为 7∶3。基本过程为教师先讲授基本概念、原理、方法和应用,然后开展问题讨论。在讲授阶段,教师也会不断设问并鼓励学生提问,同时引导学生对问题进行讨论。问题讨论阶段则针对知识点给出典型问题,要求学生按照工程问题解决的六个步骤(简称六步法)[4,9]进行思考和讨论。

除要求学生使用六步法来解决问题外,在问题设置方面,教师特意将约 20% 的问题用来检验学生的理解程度,约 80% 的问题用来检验学生的应用、分析和评估能力。根据布卢姆的认知层次理论,分析、评估和综合能力都属于高层次的认知能力。[10]

#### 3.3.3 课外问与答活动

除课堂教学和讨论外,实验班还通过课外问与答活动来促进学生批判性思维的形成和发展。教学安排包括:①建立"SJTU -电路提问"和"SJTU -电路回答"两个 QQ 群。所有的提问都必须在提问群提出,所有的回答都在回答群给出。②学生可以针对本课程学习中的任何疑难知识点进行提问,让其他同学来回答,也可回答其他同学的提问;或者通过对自己认为掌握得比较好的知识点进行设问,让其他同学来回答,以达到帮助其他同学深入思考、掌握知识、共同进步的目的。③所提的问题需得到其他同学的回答才有资格参与评分;每位同学可以提出多问,但参与评分的只能有 1 问;由提问者整理提问和对应的回答,于学期第 14 周之前以 Word 文件格式上传至 SJTU -电路提问群。④教师将收集到的每一组问与答整理后向全班公布,由同学在网上对每组问答评分;教师对每组问答的评分结果进行汇总后从高到低排序,得分排序在前 1/6 的问答组可得 6 分,依序接下来的 1/6 的问答组可得 5 分……得分排序在最后 1/6 的问答组可得 1 分。所得分由问者和答者平分,比如某组问答得 5 分,则该组的问者和答者各得 2.5 分。每位同学的提问得分与回答得分之和为问与答活动总分,但最高得分不超过 6 分。所得分数计入平时得分,作为学生总评成绩的一部分。

无论是课堂教学,还是课外问与答活动,教师都鼓励学生勇于提出问题;抱着真诚、客观的态度来探寻和研究问题(寻找真相);注意倾听他人的意见和观点,能容纳不同意见,防范个人偏见（思想开放性）；要求学生审慎思考，用推理和证据来解决问题（分析能力）；鼓励学生有条理地处理问题（系统化能力）；引导学生自己分析解决问题（批判性思维自信心）；通过展示电路之美、电路之趣引导学生学习本课程的兴趣（求知欲）；鼓励学生对电路问题从尽可能多的角度进行分析，追求一题多解的可能性（认知成熟度）。自始至终，教师都将自己定位于观察者、发现者、引导者和促进者的角色，而不仅仅是知识传授者的角色。

### 3.3.4　数据分析处理

本研究采用 Matlab（R2016a）对数据进行分析处理。

## 4　研究结果与讨论

### 4.1　CTDI‐CV 问卷调查数据分析处理结果

#### 4.1.1　问卷回收及处理对象

采用纸质的 CTDI‐CV 调查问卷对实验班和对照班进行调查，问卷发放和回收情况如表 1 所示，其中有效问卷是指问卷正确填写学号，答题完整且唯一。前后测问卷若登记的学号相同即为有效配对问卷。

表 1　问卷发放与回收情况

| 班级 | 班级人数 | 有效问卷数/问卷总数（前测） | 有效问卷数/问卷总数（后测） | 有效配对问卷数 | 前测时间 | 后测时间 |
|---|---|---|---|---|---|---|
| 实验班 | 121 | 95/113 | 96/109 | 70 | 2018/02/27 | 2018/06/12 |
| 对照班 1 | 121 | 93/105 | 70/81 | 53 | 2018/02/27 | 2018/06/12 |
| 对照班 2 | 115 | 91/101 | 85/99 | 64 | 2018/02/28 | 2018/06/13 |

#### 4.1.2　前后测配对样本 $t$ 检验结果

首先采用格鲁布斯法判断配对问卷中是否存在离群值。经检验，实验班配对问卷中存在一对离群值，两个对照班不存在离群值。剔除离群值后实验班有效配对问卷数为 69。三个班前后测配对样本均值及标准差如表 2 所示，经 Shapiro-Wilk 检验，配对样本均服从正态分布。填写配对问卷的学生来源情况如表 3 所示。

表 2　实验班和对照班配对样本得分平均值及标准差

| | 实验班得分 | | 对照班 1 得分 | | 对照班 2 得分 | |
|---|---|---|---|---|---|---|
| | 前测 | 后测 | 前测 | 后测 | 前测 | 后测 |
| 平均值 $\bar{x}$ | $\bar{x}_0^q = 305.01$ | $\bar{x}_0^h = 314.75$ | $\bar{x}_1^q = 311.04$ | $\bar{x}_1^h = 299.24$ | $\bar{x}_2^q = 311.30$ | $\bar{x}_2^h = 306.36$ |
| 标准差 $s$ | $s_0^q = 27.80$ | $s_0^h = 34.01$ | $s_1^q = 34.25$ | $s_1^h = 37.27$ | $s_2^q = 27.31$ | $s_2^h = 30.43$ |

**表 3　配对问卷学生来源统计**

| 班级 | 电子信息与电气工程学院 | 机械与动力工程学院 | 材料科学与工程学院 | 生物医学工程学院 | 其他学院 | 配对样本学生数 |
|---|---|---|---|---|---|---|
| 实验班 | 33 | — | 23 | 13 | — | 69 |
| 对照班 1 | 21 | 31 | — | — | 1 | 53 |
| 对照班 2 | 62 | — | — | — | 2 | 64 |

配对样本 $t$ 检验结果如表 4 所示。由表 4 可见,实验班批判性思维倾向后测平均得分显著高于前测,而对照班前后测差异不显著。说明改进的问题式教学能够促进学生批判性思维倾向的发展。

**表 4　前、后测配对 $t$ 检验结果(显著性水平 $\alpha=0.01$)**

| | 统计量 $t$ | 自由度 df | $p$ 值 | 后测与前测得分差值的标准差 | $\bar{x}^h-\bar{x}^q$ 的 99% 置信区间 | |
|---|---|---|---|---|---|---|
| | | | | | 下限 | 上限 |
| 实验班 | 4.075 | 68 | 0.000 | 19.85 | 3.410 | 16.07 |
| 对照班 1 | −1.746 | 52 | 0.087 | 49.16 | −29.85 | 6.263 |
| 对照班 2 | −1.694 | 63 | 0.095 | 23.32 | −12.68 | 2.806 |

### 4.1.3　实验班批判性思维倾向各特质得分的配对 $t$ 检验结果

由表 5 可见,实验班在批判性思维倾向各维度上,思想开放性、求知欲和认知成熟度 3 个维度的前后测差异不显著,其他 4 个维度都存在显著差异。可能原因是:①思想的开放性和认知成熟度都属于个体认知发展的较高阶段,它们与个体的年龄、长期的受教育经历、抽象思维发展水平、自尊发展水平[11]等有关。这些较高级的认知发展水平不是一朝一夕就能达到的。②工科平台"电路理论"课程开设于大一下学期,此时学生仍处于高等数学、大学物理等课程的学习阶段,这样使得"电路理论"课程的先修课程知识不完整,增加了学生学习本课程的难度,从而抑制了学生的学习欲望与学习积极性。③寻找真相的态度、分析能力、系统化能力、批判性思维自信心这四种特质可以通过短时间的培养和训练让人快速拥有。特别是六步法本身就是很好的提高分析能力和问题解决系统化能力的思维技能,一旦掌握这一技能,自然会提高个体的分析能力、系统化能力、创造性问题解决能力。

**表 5　实验班批判性思维倾向各特质前后测差异比较(显著性水平 $\alpha=0.01$)**

| 批判性思维特质 | 前测得分 | | 后测得分 | | 配对 $t$ 检验结果($\alpha=0.01$, df=39) | | | |
|---|---|---|---|---|---|---|---|---|
| | $\bar{x}\pm s$ | 区间 | $\bar{x}\pm s$ | 区间 | $t$ | $p$ | 均值差 | 均值差 99% 置信区间 |
| 寻找真相 | 39.68±6.12 | 25~55 | 41.68±6.58 | 28~56 | 3.110 | 0.003 | 2.00 | [0.30, 3.70] |
| 思想开放性 | 45.45±4.98 | 31~57 | 46.49±5.01 | 33~59 | 1.761 | 0.083 | 1.04 | [−0.53, 2.61] |
| 分析能力 | 45.62±5.58 | 31~59 | 47.22±6.45 | 30~60 | 3.216 | 0.002 | 1.60 | [0.28, 2.91] |

（续表）

| 批判性思维特质 | 前测得分 | | 后测得分 | | 配对 $t$ 检验结果（$\alpha=0.01$, df＝39） | | | |
|---|---|---|---|---|---|---|---|---|
| | $\bar{x}\pm s$ | 区间 | $\bar{x}\pm s$ | 区间 | $t$ | $p$ | 均值差 | 均值差99%置信区间 |
| 系统化能力 | 40.83±5.98 | 27～57 | 42.42±7.71 | 24～59 | 2.752 | 0.008 | 1.59 | [0.06, 3.13] |
| 批判性思维自信心 | 40.14±7.25 | 16～60 | 42.93±7.16 | 27～60 | 4.198 | 0.000 | 2.79 | [1.03, 4.54] |
| 求知欲 | 47.99±5.62 | 35～60 | 48.32±6.38 | 32～60 | 0.524 | 0.602 | 0.33 | [−1.35, 2.02] |
| 认知成熟度 | 45.30±5.35 | 28～60 | 45.70±5.75 | 32～59 | 0.597 | 0.552 | 0.40 | [−1.35, 2.13] |

### 4.2　问与答活动及问卷调查分析处理结果

#### 4.2.1　问与答活动

学生参与情况如表6所示，在全班121名同学中，有110名同学参加了问与答活动，这其中有100名同学同时参加了提问与回答活动。有9.1%的同学没有参加问与答活动，究其原因，可能与研究出发点有关，研究者鼓励学生自愿而非被强制参与该活动，因此活动得分仅计入平时得分（占总评20%，包含作业、出勤、问与答活动等方面）。这样，问与答活动在总评成绩（100分）中不超过1.2分，从而使得部分同学认为这种学习方式的投入产出比过低，参与积极性不高。

**表6　问与答活动参与情况统计**

| | 参加问或答 | 未参加问或答 | 仅参加提问 | 仅参加回答 |
|---|---|---|---|---|
| 人数 | 110 | 11 | 7 | 3 |
| 占比/% | 90.9 | 9.1 | 5.8 | 2.5 |

尽管活动要求每位同学只提交一个提问和一个回答，但从提交的材料看，有至少20位同学提出多个问题（最多4个），有超过30位同学回答了多个问题（最多5个）。这说明部分同学有较强的参与积极性。

对参与评分的100个问题按照修订的布卢姆认知分类系统进行归类，如表7所示。在分类时，如果提问包含多个认知层次，则将该提问归入最高一级层次。理解性的提问主要涉及电路概念的解释、电路分析方法的举例、知识要点的总结等。如："电流和电压的方向有什么区别？""……到底有什么意义呢？"应用性的提问主要涉及电路分析方法的应用。如："……如何求解？"分析性的问题主要涉及各知识点间的关系、解题时的方法选择等。如："……是否有更为便捷的方法来判断/求解？"评价性的提问主要涉及对电路问题求解、分析的检查和判断。如："假设……，能否证明……？""是否可以通过……来判断……？"创造性的提问主要涉及本课程知识点之外的内容。如："……，试问如果用超导体连接会发生什么现象?"("超导体"概念超出课程内容。)由表7可知,学生没有提出记忆层次的问题,仅有27%的同学提出的是理解层次的问题。大部分同学提出的问题(占73%)处于较高级认知层次,显然,这些问题的提出对培养批判性思维的能力是极为有利的。

表7　提问分类统计

| | 理解 | 应用 | 分析 | 评价 | 创造 |
|---|---|---|---|---|---|
| 提问数 | 27 | 17 | 31 | 16 | 9 |

在所有回答中,针对理解性、应用性、分析性、评价性的回答正确或基本正确,只有2个回答是错误的;针对创造性问题,回答者也提出了自己的看法或方案。这说明学生在回答问题时经过了深入的分析、推理、辨析等思维过程,同样促进了批判性思维的发展。

4.2.2　问卷调查分析处理结果

共有91名同学参与了问卷调查,参与率为82.7%。由表8可知,实验班学生比较同意"问与答活动对学习本课程具有帮助",也比较同意"希望在其他课程的学习中能够有类似的问与答活动"。这说明本研究中的问与答活动对课程教学效果具有正面支持作用,同时也适合在其他课程中应用。

在问与答活动对学生的影响方面,大部分同学认为在下述方面对自己有帮助,即提出问题的能力(83.52%)、分析与解答问题的能力(80.22%)、促进积极思维(61.54%)、对本课程的理解(57.14%)、与人交流、沟通(56.04%);部分同学认为在增进同学关系(43.96%)、学习本课程的兴趣(39.56%)等方面对自己有帮助。上述方面与批判性思维倾向都具有直接或间接的关系,这说明问与答活动对促进学生的批判性思维具有积极作用。此外,仅有3位学生认为在"工具应用"方面对自己有帮助,这说明学生对计算机工具软件的应用是比较熟练的,问与答活动在学生"工具应用"方面作用有限。

表8　问与答活动调查结果

| 问卷调查内容 | | 得分平均值或同意百分比 |
|---|---|---|
| 1. 我认为本课程问与答活动对我学习本课程具有帮助 | | 4.20 |
| 2. 我希望在其他课程的学习中能够有类似的问与答活动 | | 4.01 |
| 3. 问与答活动在下述方面对我有所帮助 | (1) 提出问题的能力 | 83.52% |
| | (2) 分析与解答问题的能力 | 80.22% |
| | (3) 促进积极思维 | 61.54% |
| | (4) 增进同学关系 | 43.96% |
| | (5) 与人交流、沟通 | 56.04% |
| | (6) 学习本课程的兴趣 | 39.56% |
| | (7) 对本课程的理解 | 57.14% |
| | (8) 工具应用(如文件编辑、QQ聊天) | 3.30% |

### 4.3 线上互动的质性分析

通过对线上互动信息进行质性分析,研究者发现,班级 QQ 群主要围绕课堂教学和学生学习过程中遇到的问题,如某个概念如何理解、某个题目如何求解等进行师生、生生间讨论和解决。提问群和回答群主要针对问与答活动展开。

总体来看,生生、师生线上互动活跃,互动效果比较好。教师主要通过线上互动指导学生如何正确地提出问题和回答问题。学生在提问、回答方面主要存在的问题包括:①语义模糊、不具体。例如:"……求法是如何做到的?""能不能从立体图的角度考虑?"("立体图"含义不明。)②概念不严谨。例如:"……右边那个被控的那个和那个电流源可以一起变成个什么东西吗?"③描述过于简略。例如:"电路不是唯一解的情况可以多举几个例子吗?""答案见教材 p110。"④问题过于宽泛,难以回答。例如:"自电导应该怎么计算?"(不同情况下有不同的计算方法,难以一概而论。)等等。教师在指出和纠正上述问题的同时,更多的是鼓励、引导学生问与答。例如:"建议某某同学再问一个问题。""我看了大家的回答,总体还不错。但感觉还可以深入、具体一些,也可以更严谨一些。比如'见教材……'可以具体表达出来。比如可以用具体的例子来佐证你的观点。""同学们回答很踊跃!好!请大家注意培养批判性精神,培养自己的逻辑思辨能力。加油啊。"

随着生生、师生的良性互动,学生的提问和回答表述逐步变得比较明确、严谨,难度也适中。问与答在群中是公开的,因此只要愿意查看这些信息,其他同学都可从中得到帮助和启发,无论是知识还是思维,都会有所助益。

### 4.4 线下互动的质性分析

线下互动主要包括课堂、课间和课后的师生交流。总体看,实验班学生出勤率高,在上课时注意力集中,能够积极回应教师提出的问题,课堂气氛活跃;课间、课后学生提问踊跃,时常有学生质疑课程内容并提出自己的看法。

## 5 研究结论与反思

通过对研究数据的分析可得出如下结论:改进的问题式教学对大学生的批判性思维倾向有显著的促进作用。相比文献[4]中所采用的课外小组讨论活动,课外问与答活动的教学效率更高,可操作性强,对不同学生数规模的课程适用性更广。

研究者在前期研究[4]中曾指出,在问题式教学中,教师是实施有效问题式教学的关键,应使问题式教学有机融入课堂教学,设置的问题难易程度要适当,要营造适合开展问题讨论的安全教学氛围,充分利用信息技术来辅助教学。除此之外,研究者认为还应注意以下几个方面,以达到促进学生批判性思维发展的目的。

(1)引导学生学会提问。学会提问要求做到不仅能清晰地陈述问题,而且使得所提问题是有价值的。大学生在课程学习中,不可避免地会遇到各种问题。而这些问题可以分为两类:一类是在被动接收、理解知识点时自然呈现的问题,它们是基于被动思维即所谓海绵式思维[12]而产生的,属于识记、理解与应用认知层次;另一类是基于主动思维(所谓淘金式思维),如批判性思维而提出的问题,它们是通过深入的审慎思考,对知识点进行消化、吸收后提出的,属于应用、分析、评估与创造认知层次。研究者认为,在问题式教学中,要鼓励学生提出高级认知层次的问题,以更好地促进批判性思维的发展。

　　(2)对问与答活动进行合理评价,提高学生的参与度。问与答活动是问题式教学的一部分,理应纳入学生的成绩总评。研究者建议其在成绩总评占比 $5\%\sim10\%$ 为宜。占比过低,将抑制学生参与活动的积极性;占比过高,则会影响其他教学环节的评定。

　　(3)根据学生的学习基础改进教学,提高学生的学习兴趣。学习基础不同的学生在学习同一门课程时的思维负担是不同的。研究者既为处于大一下学期,也为处于大二上学期的学生讲授"电路理论"课程,明显地感到后者的学习基础要好于前者,其学习负担也轻于前者,造成后者的学习积极性要高于前者。而增强学生的学习积极性有利于提高学生的求知欲。因此,在实施问题式教学时,还应根据学生的学习基础调整讲授方法,务求学生能学、愿意学本课程的知识和内容。

　　(4)鼓励学生的思想开放性,培养学生的认知成熟度。思想的开放性和认知成熟度都属于个体认知发展的较高阶段,要经过长期的训练和培养才能达到一定的水平。尽管如此,在教学中,也应充分重视培养学生的思想开放精神和认知成熟度。例如,鼓励学生注意倾听别人的意见、容纳别人的观点,以培养思想开放精神;引导学生从多个角度来看待问题,审慎地思考,以培养认知成熟度。

## 参考文献

[1] 黄朝阳.加强批判性思维教育　培养创新型人才[J].教育研究,2010,31(5):69-74.

[2] 吴彦茹.混合式学习促进大学生批判性思维能力发展的实证研究[J].电化教育研究,2014,35(8):83-88.

[3] ARKHOM L, APIRUN C. Questioning techniques promote the critical thinking in engineering education. 2017 IEEE Global Engineering Education Conference [C]. Athens:IEEE Press,2017:1054-1057.

[4] 田社平,王力娟,邱意弘.问题式教学法对工科大学生批判性思维倾向影响的实证研究[J].高等工程教育研究,2018,36(6):156-160.

[5] NOSICH G M. 学会批判性思维:跨学科批判性思维教学指南[M].柳铭心,译.北京:中国轻工业出版社,2005.

[6] FACIONE P A, FACIONE N C. The California critical thinking disposition inventory (CCTDI). Test administration manual [M]. Millbrae, CA:California Academic Press,1992.

[7] BARROWS H S. A Taxonomy of problem-based learning methods [J]. Medical Education,1986,20(6):481-486.

[8] 彭美慈,汪国成,陈基乐,等.批判性思维能力测量表的信效度测试研究[J].中华护理杂志,2004,39(9):644-647.

［9］ALEXANDER C K,SADIKU M N O. Fundamental of Electric Circuits ［M］. 5th ed. New York：McGraw-Hill Inc, 2013.

［10］KRATHWOHL D R. A revision of Bloom's taxonomy：an overview ［J］. theory into practice, 2002, 41(4)：212－218.

［11］SULIMAN W A, HALABI J. Critical thinking, self-esteem, and state anxiety of nursing students ［J］. Nurse Education Today, 2007,27(2)：162－168.

［12］尼尔·布朗,斯图尔特·基利.学会提问［M］.吴礼敬,译.10版.北京:机械工业出版社,2013.

# An empirical study of improved problem-based learning on promoting critical thinking disposition of undergraduates

**Tian Sheping，Qiu Yihong，Zhang Feng**

**Abstract：**Based on the previous research，the improved problem-based learning is proposed to promote the development of Critical Thinking disposition of undergraduates in the course of Circuit Theory. Quasi-experimental research with pre and post tests of unequal study group and control group is carried out，and behavioral observation and qualitative data is also analyzed to draw conclusions. The results show that the improved problem-based learning has a significant role in promoting the critical thinking disposition of undergraduates. In order to effectively carry out the improved problem－based learning to develop the capacity of undergraduates' critical thinking，the following should be paid attention in addition to the requirements of previous research：① Instructors should guide students to learn to ask questions. ② A reasonable evaluation of the question and answer activity should be made to improve the students' participation. ③ Instructors should improve teaching according to students' learning foundation to enhance students' learning interest. ④ Instructors should encourage students' open-mindedness and foster their cognitive maturity.

**Key words：**critical thinking；critical thinking disposition；improved problem-based learning

# 瑞士科研项目及经费管理特点及启示

王力娟

**摘　要：** 首先通过瑞士国家科学基金官方网站了解项目申请以及经费管理方面的政策，然后拟定访谈提纲，对巴塞尔大学的4名教授、1名讲师及2名科研管理人员进行深度访谈。根据所获得的资料，概括总结瑞士科学基金项目与经费管理方面的特点、经验及问题。以此为鉴，依据有关启示提出改善我国项目申请以及经费管理方面的建议，包括建立统一申报和评审平台，不分文理；本土化不能作为国际化的绊脚石；以成果质量来衡量项目经费的使用；成果导向建立网上匿名验收制度；强化经费预算的审定等九条建议。

**关键词：** 科研项目；经费管理；瑞士

## 1　引言

2016年9月4日，国家主席习近平在G20峰会上引用过一句古语"小智治事，大智治制"。这对科研项目同样适用。近年来，随着我国科研经费大额度增加，科研项目管理，尤其是经费使用方面的问题层出不穷。科研管理部门非常努力，每发生一件与项目有关的事件，都去查缺补漏，寻找解决办法。由于科研管理制度尚未健全，未形成高效快捷的管理制度，有些问题越管越难。《新唐书·魏征传》中记载着"以铜为鉴，可正衣冠；以古为鉴，可知兴替；以人为鉴，可明得失。"要解决科研项目和经费方面的各种问题，不妨从发达国家直接学习点经验。在这方面，瑞士是值得我们学习的国家。

鉴于瑞士科研项目类别众多，而调研的人力物力有限，本次调研以瑞士国家科学基金（Swiss National Science Foundation，SNSF）和瑞士最古老的大学——巴塞尔大学（Basel University）为切入点。结合该基金的有关政策以及实地调研，发现瑞士科研项目申报以及管理方面存在以下特点。

---

**作者简介：** 王力娟，女，上海交通大学教学发展中心，副研究员，教育学博士，邮箱：wanglj0407@sjtu.edu.cn。

**基金项目：** 上海交通大学2022年决策咨询课题"落实'让每个学生更优秀'育人理念的路径和举措研究"（课题批准号JCZXZGA2022-01）。

### 1.1 统一的申报平台,支持多种语言

瑞士国家科学基金有一个界面友好、功能齐备的申报平台(http://www.snf.ch/en)。该平台以英文为主要工作语言,但同时也支持德、法、意等语言。瑞士最高规格的国家科学基金的各类项目申请和评审均在该平台进行。项目申请人必须注册成为该平台用户,相关通知和信息更新等都在平台上进行,包括项目申报、评审,甚至项目进展汇报等环节,实现了高效快捷和公开透明。

众所周知,瑞士主要有德语区、法语区、意大利语区。英语作为平台的主要工作语言,既避免了语言转换方面的障碍,又直接与国际一流科学研究接轨。即使某些属于瑞士特有的科学研究,通过该平台也能高效快捷地传播到世界各地,从而产生影响。

### 1.2 大部分项目全英文申报,评审国际化

除了国际合作项目是瑞士国家科学基金的一大特色之外,项目申报已经实现国际化。根据访谈中一位世界知名教授(曾任剑桥大学 *Journal of Child Language* 杂志主编的 Heike Behrens)所说,当前的项目要求主要用英文申报,目的就是从国际的视角探讨科研,不局限于瑞士本土。

接受访谈的曾经或正在主持瑞士国家科学基金的老师(3 位教授、1 位讲师)都明确表示,当前瑞士国家科学基金的评审十分严格,原则上是聘请国际上本领域的知名专家评审(其中有些专家就在瑞士本土)。这也是为什么项目申请书要求用英文撰写的主要原因。由于评审人都是领域内的知名专家,不仅专业而且严谨,评审过程自然十分严苛和公正。当然,这与瑞士的整个大环境关系密切。瑞士国内在本领域堪称一流的学者基本上都用英文写作和发表研究成果,这些学者不仅是瑞士国内的知名学者,有些还是某些学科领域的国际领军学者。

当然,在重视国际化的同时,瑞士对本土文化也充分关注。SNSF 网站提供四种语言,根据实际情况也支持一些非英语申报的项目。

### 1.3 不分文理科,但对医学有倾斜

SNSF 项目把理、工、农、医、人文社科等各学科都放在一起申报,目的是鼓励学科交叉研究。目前的学科总体分为 21 类,分类的基本特点是把相关性更强的归为一大类,不分文理。分类中特别突出医学相关研究,21 类中竟然占了 5 个大类,即基础医学研究、实验医学、临床医学、预防医学(流行病学/诊断学/预防学)、社会医学。

瑞士国家科学基金学科分类如下:①神学及宗教研究、历史学、古典研究、考古学、史前历史等;②语言学及文学、哲学;③艺术研究、音乐学、戏剧学、影视学、建筑学;④人类学、社会与人类地理学;⑤心理学、教育研究;⑥社会学、社会工作、政治学、媒体和交际研究、健康研究;⑦经济学、法学;⑧数学;⑨天文学、天体物理学及空间研究;⑩化学;⑪物理学;⑫工程

科学;⑬环境科学;⑭地球科学;⑮基础生物研究;⑯普通生物学;⑰基础医学研究;⑱实验医学;⑲临床医学;⑳预防医学(流行病学/诊断学/预防学);㉑社会医学。具体参见网址 http://www.snf.ch 上的有关介绍。

### 1.4 资助经费额度大,但仅规定经费下限

在经费申请说明中,SNSF 仅规定最低申报额为 5 万瑞士法郎(大约相当于 32.9 万人民币)。换句话说,并不是说理工科就必然需要大额度的经费,人文社科就一定用不着大额度经费。经费到底要多少要依据项目本身的研究需要来确定。这对项目经费预算和项目立项评审的要求非常高。

从瑞士 SNSF 项目的 10 年经费统计图(见图 1)来看,生命科学的占比最大;其次是理科、工科和自然科学学科;人文与社会科学的占比一直是最小的,但与其他学科比较起来差距并不是特别大,至少占总经费的 1/4,在 2020 年还占到了 32% 的比例。此外,从 2016 年开始,每年有 8%～9% 的额度用于资助交叉学科的研究,随之生命科学的资助额度被减少了,但人文社会科学和理科、工科、自然科学的资助额度没有多少变化。

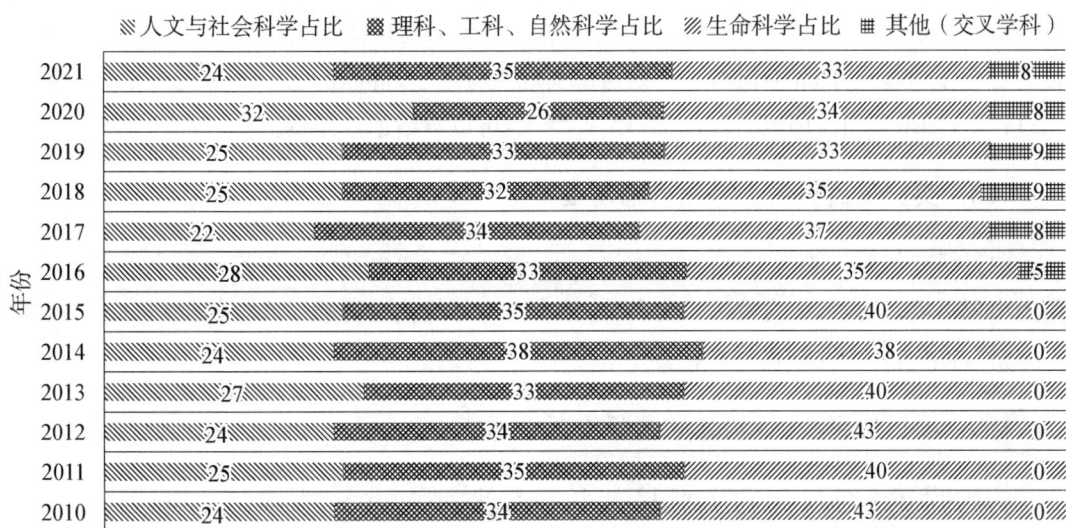

图 1  2010—2021 年 SNSF 不同学科资助额度占比总览(%)

### 1.5 对项目预算要求高,尤其是贵重材料和设备

由于鼓励学科交叉,经费没有按照学科一刀切,这就造成经费预算困难,审定更难,但又至关重要。SNSF 明确规定,预算越精细越好。经过对大学科研管理人员的访谈,进一步了解到,各级各类项目都十分重视项目预算。SNSF 仅规定最低申请额度,项目所申报的基金预算需要分别审核。无论是什么学科的项目,都可以通过项目招收研究生,付给研究生工

资、劳务费等。有些项目涉及的费用多、人员多,更是需要——预算清楚。

对于贵重材料与设备,预算要求就更高,需要提供精确的预算。即使实际材料与设备和预算有出入,也要先精确预算,后详细说明变动情况。

### 1.6　差旅费以及书籍资料费管理宽松

从访谈结果来看,SNSF 以及其他项目对差旅费以及书籍资料费的管理比较宽松。据受访谈的教授称,差旅费和书籍费都可以轻松报账。对此,管理人员的任务是核对预算数目,看是否超支。

### 1.7　经费开支根据具体情况规定上下限

SNSF 仅对人员费、劳务人员的工资等规定上限,对聘用人员数规定最低人数,其余由申请人确定。通过对一位教授的访谈发现,各个大学为了鼓励教师做研究,还会对成功申报项目的老师给予"配套"(matching fund)。巴塞尔大学给的配套经费是项目经费的 2%～5%。这部分经费可用于科研相关的辅助性活动。

如果因进行项目研究而被迫免除教学任务,并导致个人收入减少,在免除教学任务且促进了研究的条件下,申请人可以申请工资补偿。但该工资补偿仅适用于人文社会科学类项目。对于性别差异方面的补偿,往往是考虑女性生育或生理问题,给予一定的补偿。经费使用过程中,如果正当使用但出现经费不足的情况,可以申请追加经费。

### 1.8　实施项目负责人信用追踪制度

项目研究年限一般为 4 年,如果成果突出,那么下一次申请优先支持。如果项目经费使用上出现不良行为,那么直接进入黑名单,很难再有可能获得资助。或者如果项目成果验收不合格,再申请获得批准就不太容易。

### 1.9　项目成果少而精,鼓励国际出版

从 SNSF 提供的数据(2022 年 12 月 15 日查询结果:https://data. snf. ch/datasets)来看,SNSF 目前批准了 83 244 个项目,主持和参与合作研究者共 124 677 人,出版了 166 349项成果,其中包括 16 374 部专著。除去保密成果,平均每个项目大约产生 2 项成果。此外,项目成果获奖 10 344 项。

从数量来看,成果不算多。不过,据受访谈的一位教授说,这些成果中有相当数量的成果是在国际顶级期刊发表的文章和在知名出版机构出版的专著。管理层对成果的国际化出版十分重视。通过国际化出版,科研质量自然得到极大提升。

## 2　瑞士与中国在科研项目管理方面存在的共同问题

### 2.1　部分公款私用现象难以杜绝

根据对管理人员的访谈发现,即使在科研诚信度方面算得上典范的瑞士,公款私用的现象仍然存在。瑞士的 SNSF 或其他项目经费对预算要求较高,凡是没有预算的一般不能报销,除非能提供特别说明并取得认可。票据上一般要求正式收据或发票,如果无法提供的需要提供说明材料。这种管理体制下,公款私用的现象已经非常少。然而,受访谈的管理人员说,有些票据是无法核实的。也有一位教授说,有些人并不是为了做科研而申请项目的。

类似的情况在我国十分突出。有些人根本不喜欢做科研,还有些人根本就没有做科研的能力。有些人拿到大项目之后,甚至成立皮包公司,套取科研经费。显然,对这类人的监管应当是重点。不喜欢做研究,没有能力做研究,仅仅是因为职称晋升等需要而申请项目,所取得的研究结果也必然多数是滥竽充数的。

### 2.2　惩罚为导向的机制作用难彰

瑞士和中国对于项目经费违规使用的惩罚都非常严格,但却一直无法杜绝这类情形。对违规行为的惩处当然是必要的,但这不是科研项目的初衷。管理方如果把主要精力放在对违规行为的惩罚上,那么科研人员必然会分心,有些科研人员甚至因此想方设法规避惩处。这正是"上有政策、下有对策"的具体表现。

鉴于科研项目的目标是产出一流的科研成果,最终为社会和人类服务,那么应该改变"惩罚为导向"的做法,采用"成果为导向"的做法。也就是说,一切评价以最终成果为纲。如果以惩处为导向,必然会涉及各种层出不穷的规约。一旦出现一个事件,可能又影响到所有的科研人员,又得制定新的规章。

### 2.3　教学和科研的压力与创造性成果之间的矛盾尖锐

瑞士大学里的教师在承担教学任务的同时,还要承担科研项目,而承担科研项目是没有报酬的。这与我国的情况相同。这种政策必然造成教师承受极大的压力。受访谈的三位教授都表示,承担项目的压力是很大的,又没有报酬,纯粹是为了科研而付出时间与精力。

科学研究的历史表明,真正好的创造性科研成果往往是由热爱科研的人做出来的。由于主持项目没有报酬,没有因为承担项目而获得更多从事研究工作的时间,这使项目负责人承受了更多压力。相比之下,有些教师出于某种目的而承担了科研项目,对于科学研究没有热爱。这使很多从事科研的教师既体验不到科研的乐趣,更产生不了创造性成果。那么,如何给热爱科学研究的人降低压力,促成更好、更多的创造性成果呢? 这是值得研究的课题。

### 2.4　期刊与出版机构级别认定尚未形成系统

目前,尚未对期刊级别、出版机构级别进行明确规定。当前出版业比较混乱,尤其是国际出版。有些人利用出版公司注册限制门槛很小的漏洞,在国外成立了各种出版机构（比如 Nova Publishers, David Publishing, Cambridge Scholars Publishing 等）。这些机构为了赚钱,提出高额版面费,但出版质量非常低,甚至语法、语言错误百出。对出版机构的认定是亟须解决的问题。

## 3　对策与建议

相比较而言,我国的科研项目管理存在的问题更多,比如管理过于僵化、项目零碎、缺乏统一平台、各种管理不规范。更要害的问题是,我国的科研项目在项目立项评审、结项验收这两大环节中仍然做不到公平公正。针对这些问题并参照瑞士已有的先进经验,特提出以下对策与建议。

### 3.1　建立统一申报与评审平台,中英文结合、不分文理

国内已经在建统一申报与评审平台,但有些地方有待改善。比如未见到对学科交叉的鼓励措施（国内的软科学项目管理仍然不理想）,未主张用英文申报项目。统一平台可以更好地保证公正客观。而如果采取中英文结合的做法,同时聘请国内外各领域知名专家评审,那么项目面向的是世界,采取的是学科交叉,必然具备很高的起点,创造性可以预见。

同时,在平台上建立个人注册账户,项目成果上报、特殊经费开支说明等各种有关项目的内容都在平台上进行。如此既高效快捷,又公平公正。

如前所述,项目评审尚未普遍做到公平公正,这是当前我国科研项目方面最为紧迫的问题。项目评审之前,各种招呼、拜访、说情时有发生。评审阶段就存在大量问题,怎么能够保证项目的创新性呢？ 更谈不上产出一流的科研成果了。瑞士国家科学基金的做法是国际化的,它通过平台物色国际上各领域内的知名专家评审。

项目申请提倡用英文申请,以国际化的姿态推动项目研究,才有可能站在国际学术前沿,创新才有希望。

### 3.2　本土化不能作为国际化的绊脚石

国内有不少人认为,某某研究要本土化,某某学科要本土化。本土化没错,就是用国际一流的研究成果来解决国内的某些科学问题或现实问题。不过,如果以本土化为借口,不鼓励向国际同行挑战学术,甚至直接脱离科学研究的前沿,那自然是非常不可取的。科学研究一定要做到高屋建瓴,而其前提是以国际一流研究成果为基础,面向的是国际科学界,而非国内的小圈子。

如果连国家项目都局限于一个地区、一个国家,并未从国际同行的角度来看问题,那么成果就难以走上国际舞台,更不可能谈什么创新或社会效益。当然,涉及保密范围的应当另建内部系统进行管理,不在本调研范畴之内。

### 3.3　以成果质量来衡量项目经费的使用

项目经费的使用问题频出,有关政策也步步紧跟。这说明应该从制度入手,重点探讨制度建设,否则问题会层出不穷。再好的项目管理条例,管的只是规规矩矩做研究的少部分人。这些循规蹈矩的人,就是不去管他们,他们也不会有太出格的行为。而对于那些随处钻营的人而言,再多的条例也没有什么用处。有些人拿了大把经费,最后出来的成果竟然是随处抄袭的结果。最常见的现象是拿几项国外一流研究成果糅在一起,加上众多的误解和误译,就成了结项成果。这种现象亟须扭转。

既然成立科研项目的目标是出高质量的科研成果,那么为什么不以科研成果为标杆呢?瑞士国家科学基金项目所出的成果并不多,但是,这些成果大多是通过国际一流出版机构出版的,或者部分已实现了一流的发明创造。

由此,建议以成果质量来衡量项目经费的使用。属于中国特有的项目成果(比如中国历史)的鉴定,先期可以找国内专家学者参与。无论谁来衡量研究成果,必须通过网络平台来保证纯粹的匿名评审。还可以通过平台公布研究成果,供全体人民监督该成果的学术性是否达到评审标准。而用英文出的成果,可请国际同行专家鉴定与评审。如果成果已经被世界著名出版机构接受出版,该项成果可以免于鉴定评审。如果有了一流的成果,且预算合理,那么经费使用随申请人自由安排。

对于出版机构,至少要认定是不是双盲评审。如果出版机构做不到双盲评审,一律不算科研成果。而期刊或出版机构的国际知名度,行内的人心里都有一杆秤。

### 3.4　建立专家库以及专家信用系统,取消大会会审

建立专家库,明确专家专业方向,评审系统按照专家专业自动选择评审人,管理人员无权选择(由管理人员选择必然会造成各种腐败)。建议参照国际期刊的做法,至少由三名评审匿名审稿并打分:三名匿名评审人均通过的,应当立项;两名评价高,一名评价低的,也可以立项;两名评价低的,没有任何理由可以立项。如果需要控制项目数量,可以直接由各学科项目分数高低排序来决定。

这样一来,项目一律在平台评审,自动生成,且有明确记录,大会会审就是多余的。当前的基金大会会审实质上成了由权力和关系主导的"切蛋糕"仪式,对主持学术公道、选拔优秀项目并没有显著价值,甚至还可能衍生学术腐败。

### 3.5　以成果为导向,建立网上匿名验收制度并鼓励成果国际化

科研项目的目标是产出一流的科研成果。本着这个目标,科研项目的管理应当以成果

为导向。当前某些科研成果鉴定会成了朋友聚会，项目鉴定即使通过匿名通讯评审，也很难保证保密可靠。一位知名农业经济学专家曾抱怨，有一次项目评审，据说非常严格且要求绝对保密，遗憾的是材料还没有送到他手里，几个电话（包括一些领导打来的）就请求他关照！如何保证这样的环境下的项目验收能够高水平、高要求？这是值得深入研究的问题。

解决这种问题的办法是，建立网上匿名评审验收制度，且评审人的评审结果作为信用记录。对评审人的评审进行追踪记录，保存；多次评审有错漏的取消资格；信用记录差的不仅要取消评审资格，甚至要承担后果。始终坚持由国际一流本专业专家评审（不分国内外）。一般来说，本专业一流专家会有原则地评审。他们对科学研究的要求普遍都很高。虽如此，为防患于未然，匿名评审是基本要求。

### 3.6  强化经费预算的审定，弱化经费使用的管理

额度较大的项目的预算需专业人士匿名审定，这是至关重要的。预算过程需要明晰到每个设备和材料，执行过程还要如实汇报。

退而言之，如果项目负责人用廉价的材料做出了一流的成果（而报账时报了价格较高的材料），那么这类经费的使用仍然可以宽松处理。

### 3.7  关于研究者的报酬以及承担项目的好处

当前的项目研究者大多是被逼的。由于项目研究是职称晋升的基本要求，大学教师不仅要上好课，还要花相当多的额外时间来做科研，而这种付出没有报酬。这是一个普遍存在的问题。瑞士国家科学基金对一些特殊情况给予工资报酬，但教师承担项目仍然没有任何报酬。试想，如果除了职称晋升之外，承担项目没有任何好处，那乐于做研究的人又有多少呢？

要促使相当一部分人乐于做科研，奖励优秀成果必不可少。其中一类奖励可以是只要出了一流成果的，且项目预算合理的，报销不做严格要求，给予项目负责人较大自主权。另一类是直接奖励优秀成果。对于优秀科研成果（产生重大社会效应的或者在国际一流平台上出版的）给予充分的奖励，让研究者感受到充分的成就感。目前国内大学执行的配套奖励也是一种有效的手段。

### 3.8  关于国际化与国家民族身份

有不少人认为，当前的"国际化"就是"英语化"，"英语化"就是"英国化"或"美国化"。这是比较狭隘的看法。首先，当前的英语不再专属英国，也不再专属美国，英语变体已经遍布世界各个角落。其次，20世纪有组织曾经创办"世界语"，目的是用于国际交流。由于该语言没有实际运用的社会群体，没有根可以依托，即使经过培训也很难巩固，最终以失败告终。当前使用英语的人遍布世界各地，英语实质上已成为世界通用语。

既然科学研究必须通过国际化才能发展，那么为什么不采取国际化的做法呢？难道用

英文发表世界一流的研究成果就会丧失国家民族身份吗？难道用英文来写项目申请书并进行国际评审就丧失民族身份吗？这类狭隘的看法与做法必须得到更正。这一点来讲，法国的一些做法就值得我们深思。法国政府投入不少金钱与精力，试图让法语在世界各个领域占有一席之地。遗憾的是，由于非常复杂的多种原因，这种愿望没有实现。不过，法国人并不是像瑞士、德国、荷兰等国家顺应国际潮流，首先普及英语，而是处处抵触。其结果是，法国的科学技术正在走下坡路，而德国、瑞士、荷兰等国产出了大量一流的科研成果。从大学排名（虽然不见得科学）来看，法国古老的大学鲜有排名前 50 强的，而瑞士、德国、荷兰都有。这是眼前正在发生的真实事件。

当今世界的科学技术研究以英文为载体，这在较长时间内是不可逆转的。几百年之后英语是否会像拉丁语一样消亡不得而知，但这几百年间的科学技术竞争必须通过英语。如果要让汉语有希望在几百年之后替代英语，成为国际化的语言，那么现在我们要做的就是通过英语语言这个载体做好科学研究，不断开拓创新，让综合国力不断强盛。没有强大的科学研究实力作为支撑，要汉语替代英语成为世界通用语不太现实。

### 3.9　与国家政策对接

2016 年 6 月 1 日召开的国务院常务会议提出了推动科技资金管理的五大措施：①简化中央财政科研项目预算编制，将直接费用中多数科目预算调剂权下放给项目承担单位；②大幅提高人员费比例，对劳务费不设比例限制，参与项目的研究生、博士后及聘用的研究人员、科研辅助人员等均可按规定标准开支劳务费；③差旅会议管理不简单比照机关和公务员，中央高校、科研院所可根据工作需要，合理研究制定差旅费管理办法；④简化科研仪器设备采购管理；⑤合理扩大中央高校、科研院所基建项目自主权。2016 年 7 月 31 日，中共中央办公厅和国务院办公厅印发了《关于进一步完善中央财政科研项目资金管理等政策的若干意见》，提出提高间接费用比重，加大绩效激励力度；改进结转结余资金留用处理方式；自主规范管理横向经费等措施。

这些措施志在改变当前经费管理僵化的局面。众所周知，"一管就紧，一放就乱"是科研项目管理中的突出问题。结合这些具体措施，从源头上（项目评审国际化、预算专业化）和出口上（项目成果验收国际化和成果导向）强化管理。

## 4　结束语

国家出台相关政策和措施的目的就是实现科研项目的目标：出高质量科研成果。为了防止管理上放开之后可能出现的问题，应当明确几点：项目预算的科学性是良好的科研项目管理的前提；公平公正的评审与验收环节是产出高水平研究成果的保障；成果为导向是实现科学管理科研项目的总体指导思想。

总之，项目立项评审与结项验收是科研项目的生命线。只有保证立项评审公平公正，才能筛选出前沿课题；只有结项验收高标准、严要求，才能保证项目研究落到实处。

# Characteristics of research project and fund management and its enlightenment in switzerland

**Wang Lijuan**

**Abstract**：In this study we first of all get ourselves well-informed of the policies of project application and fund management of the Swiss National Science Foundation through official websites，and then prepare an outline for in-depth interview among seven staff of Basel University(4 professors，1 lecturer and 2 people in charge of project management). Based on the detailed information and in-depth interview，a number of characteristics，experience and problems can be drawn on research project management in Switzerland. With enlightenments obtained from the good experience，we can make some suggestions for the improvement of research fund management in China.

**Key words**：research project；fund management；Switzerland

## 附录 1:针对承担科研项目教授的访谈提纲

### Seven Questions on SNSF or Other Project Funding

1. Do researchers need a separate bank account if they are granted some project funding (SNSF in particular)?

2. Do researchers have to explain all the money they spent for projects?

3. Can researchers doing research projects use any kind of receipts (not necessarily formal invoices) to apply for reimbursement?

4. Is there a university organization which is in charge of the funding management? If yes, are they always finding faults with the documents for reimbursement?

5. Most researchers in the universities are teachers at the same time. Is there certain payment for their doing research projects except for salary for teaching?

6. Is the reviewing of the project applications internationally-oriented? That is to say, in most cases internationally recognized scholars are requested to review the applications?

7. How strict is the evaluation of the research results? Is it that, in most non-confidential cases, only publications by world-famous publishers are considered as qualified?

## 附录 2:针对科研项目管理人员的访谈提纲

### Questions on Project Funding Management

1. Do researchers buy equipment they need every time they get project funding?

2. How are equipment and facilities shared between researchers who undertake projects?

3. Are there researchers who try to take funding money for their own personal use?

4. Are researchers rewarded if they get big projects like SNSF?

5. How do the administrative staff for projects trust researchers in funding expenses?

备注:

　　受访人员包括曾经主持或正在主持瑞士国家科学基金项目的 4 名正教授、1 名讲师、2 名管理人员。

附录 1:关于 SNSF 或其他项目资金的 7 个问题

1. 如果研究人员获得了一些项目资助(特别是 SNSF),他们是否需要一个单独的银行账户?

2. 研究人员必须解释他们为项目花费的所有资金吗?

3. 从事研究项目的科研人员是否可以使用任何形式的收据(不一定是正式发票)申请报销?

4. 是否有一个负责资金管理的大学组织？如果有,他们经常在报销单据上发现问题吗？

5. 大学里的大多数研究人员同时也是教师。除了教学工资外,他们做研究项目有一定的报酬吗？

6. 项目申请的审查是否面向国际？也就是说,在大多数情况下,是否需要国际公认的学者来审查申请？

7. 研究成果的评估有多严格？是不是在大多数非保密情况下,只有世界著名出版商的出版物才被认为是合格的？

附录 2:针对科研项目管理人员的访谈提纲

1. 研究人员每次获得项目资助都会购买他们需要的设备吗？

2. 承担项目的研究人员之间如何共享设备和设施？

3. 是否有研究人员试图将资助资金用于个人用途？

4. 如果研究人员得到像 SNSF 这样的大项目,他们会得到奖励吗？

5. 项目的管理人员如何在经费方面信任研究人员？

# 云虚拟学习环境中教师脚手架策略对
# 医学生学习情绪和满意度的影响

王　蓉　刘传勇　张锡宇

**摘　要：**本研究旨在探讨云虚拟在线学习环境中医学生对教师脚手架策略的感知特征，并分析教师脚手架策略与医学生学习情绪和满意度的回归关系。采用问卷调查法分析山东某大学医学院 213 名本科生在云虚拟教室中，对教师脚手架策略的感知，及与其学习情绪和满意度之间的关系。研究发现，学生对教师脚手架策略的感知及其学习情绪和满意度的评分水平较高；这几个变量没有因性别和年级的不同而产生差异；师生互动和生生互动对医学生学习情绪和满意度有显著的正向促进作用，尤以师生互动的正向促进作用更为显著。教师脚手架策略对学生学习情绪有显著促进作用，能提升学生的满意度。因此，教师可利用多种云技术支持的教学工具增强师生互动，同时考虑如何促进生生互动，以实现从教师为中心到学生为中心的课堂转变。

**关键词：**教师脚手架策略；学生学习情绪；学习满意度；云虚拟教室

## 1　引言

自 20 世纪 70 年代末开始，学习环境理论研究指出学习环境直接影响学生的学习成效[1]。无论是在传统的还是线上的教学环境中，教师作为学习环境的关键构建者及其重要一环，对学生能否获得学习成功发挥着重要作用[2-3]。众多研究表明：教师在教学过程中采取的各种教学策略有利于学生获得较好的学习成果[3-4]。在本研究中，我们把线上学习环境中教师为促进师生以及生生互动而采取的教学策略称为脚手架策略。脚手架是由伍德（Wood）、布鲁纳（Bruner）和罗斯（Ross）[5]首次提出，指在学习环境中，知识更丰富的人包括教师或同伴，向学习者提供的学习支持，使他们能够完成超出其最初能力的任务。教师

**作者简介：**王蓉，女，山东大学副教授，博士，邮箱：wralice@sdu.edu.cn,；刘传勇，男，山东大学教授，博士，邮箱：liucy@sdu.edu.cn；张锡宇，女，山东大学副教授，博士，邮箱：zhangxiyu@sdu.edu.cn。

**基金项目：**教育部人文社科规划基金项目（项目编号：21YJA880063）。

可以通过各种形式使用脚手架策略,例如教师通过提供精心挑选的学习材料、与同伴互动的机会,或口头提示,甚至是采用精心选择的计算机程序来对学生的学习进行适度干预[6]。脚手架策略随着教学环境的改变而呈现多种形式。例如在线学习环境中教师使用的脚手架策略包括:教师参与讨论、定期发布信息、鼓励学生提出问题等来促进师生互动,通过设定最低限度的规则等来促进生生互动。虽然很多研究已关注了不同形式的脚手架策略是如何支持学生的在线学习的,但有关学生在特定学习环境中对教师脚手架策略的反应仍需进一步探索。以往研究发现此策略能有效提高学生的学习成效[3,7,8]。在评价学生学习成效的指标中,除了考试成绩等客观评价指标,学生的学习情绪和满意度也是公认的评价学习效果的指标。学习情绪指学生在学习过程中的情感情绪体验。[9]由于在线学习环境下学习情绪和学生学习成绩之间密切相关,故教师在制订教学方案时必须考虑如何让学生获得积极的学习情绪[10]。学生对教学的满意度是指学生对其所获得学习环境的感受、态度和期待[11]。基于传统的学习动机理论,有的学者构建了在线学习环境下在线学习动机的概念框架[9]。该框架指出学生学习感受或情绪及满意度直接影响其最终的学习效果。

## 2　问题提出

在线学习环境中,师生互动和生生互动可显著解释或预测学生的课程满意度,并提升其积极学习感受或情绪[12-13]。因此,互动对于决定学生在线学习体验至关重要。莫尔(Moore)[14]将在线学习环境的互动分为3种类型:师生互动、生生互动和学习者与内容的互动。本研究关注的是师生互动和生生互动,并根据Cho等[15]验证的促进师生或生生互动的脚手架策略,衡量云虚拟教室中医学生对教师脚手架策略的感知,并进一步观察上述脚手架策略对学生学习满意度和学习情绪的影响。在医学教学领域,教师脚手架策略对学生学习成效的影响也开始受到关注。然而,目前大多数研究是基于异步线上教学或混合式教学,在同步线上教学环境下进行的研究较少,且鲜有与医学教学相关的研究[16-17]。2020年初,新冠疫情暴发,各层次的教学活动都转为线上。随着同步线上教学的开展以及疫情的持续,此教学模式逐渐演变为教学的"新常态"。众所周知,大规模的同步线上教学顺利推进得益于云计算技术的使用。因此,同步线上学习也被称为云虚拟教室。关于云虚拟教学环境的研究也逐渐成为国际教育界学习环境研究的热点,主要原因是云计算技术支持提供的多种同步互动、交流和教学过程数据分析等完全不同于异步或混合式教学环境[18]。故此,有必要进一步了解在如此不同的学习环境中,学生对教师实施的促进互动的脚手架策略是如何感知的,以及教师脚手架策略对学生的学习情绪、满意度又有何影响。所获得的研究结果可以为新常态下的教学、教学设计和教学策略的选择等提供参考。

# 3 研究对象和方法

## 3.1 研究对象

本研究经山东某大学研究伦理委员会同意,对某大学医学院的全体在校本科生约4 000人推送了在线问卷调查(二维码推送),研究中涉及的学生参与者均采用自愿参与调查并提交问卷的原则。最后,有213名医学生(1~4年级)回答了本次在线问卷调查,回答率为5.34%。所有参与调查的学生都正在参加在线课程,所修的科目均在云虚拟教室中上课,包括雨课堂或腾讯课堂。在213名学生中,平均年龄为21.14±2.32岁。44人(20.7%)为一年级学生,48人(22.5%)为二年级学生,12人(5.6%)为三年级学生,109人(51.2%)为四年级学生。213人中152人(71.4%)为女性,61人(28.6%)为男性(见表1)。

表1 参与问卷学生的年级和性别比例($n=213$)

| | 学生年级 | | | | 学生性别 | |
| --- | --- | --- | --- | --- | --- | --- |
| | 一年级 | 二年级 | 三年级 | 四年级 | 女性 | 男性 |
| 人数(占总参与者的百分比) | 44 (20.7%) | 48 (22.5%) | 12 (5.6%) | 109 (51.2%) | 152 (71.4%) | 61 (28.6%) |

## 3.2 研究方法

研究采用线上问卷调查法。云虚拟线上学习采用雨课堂或腾讯课堂,学生在同步线上学习2个月后接受了线上问卷调查。研究中的问卷分3部分,共17个题项(见表2)。第一部分用于测试学生对教师脚手架策略的感知,包括师生互动(5个题项)和生生互动(3个题项)2个维度。此部分问卷题项参考在线学习环境下脚手架策略评价问卷[19-21]编制。第二部分用于测试学生学习情绪,共1个维度、4个题项,问卷参考Kim等用于在线学习环境下学生学习情绪评价问卷[9]编制。第三部分用于评价学生满意度,包括1个维度、5个题项,此部分问卷参考Lee等在线学习环境下学生满意度评价问卷[22]编制。本研究问卷采用利克特5级量表进行评分,1分代表完全不同意;5分代表完全同意。各条目得分之和与条目数的商值为每个维度得分。问卷维度信度评价采用克龙巴赫α系数。

## 3.3 统计学处理

使用SPSS23.0软件进行数据分析。首先,进行了探索性因子分析(exploratory factor analysis,EFA)以确定变量的因子结构,分别计算师生互动、生生互动、学习情绪、学生满意度的评分,并使用克龙巴赫α系数对问卷的信度进行检验。单因素重复测量方差分析

(repeated measure one-way ANOVA)用于分析学生所感知的脚手架策略两个维度之间,以及学习情绪和学生满意度之间是否存在差别。多元方差分析(multivariate analysis of variance)用于分析学生所感知的师生互动、生生互动、学习情绪和学生满意度是否因性别和年级而产生差异。脚手架策略两维度与学习情绪和学生满意度之间的关系采用皮尔逊积矩相关系数和多元线性回归进行检验(pearson product moment correlations and multiple linear regression analysis),$P < 0.05$ 代表差异具有显著性。

# 4 研究分析与结果

## 4.1 学生对教师脚手架策略、学习情绪和满意度的评价及问卷信度

表2为医学生在云虚拟教室中对教师脚手架策略感知、学习情绪和满意度情况的描述性统计,以及相关维度的信度分析。采用主成分分析法,对师生互动(5题项)、生生互动(3题项)、学生学习情绪(4题项)和学生满意度(5题项)四个变量进行分析。为验证抽样是否适合进行因子分析,我们采用 Kaiser-Meyer-Olkin(KMO)测量法和 Bartlett 球度检验法。由表2可见,每个变量的 KMO 值都高于0.8,每个变量的 Bartlett 球形检验结果均表明适合进行因子分析($P < 0.001$)。进一步的因子载荷分析发现,每个维度对应题项的因子载荷均大于0.7(0.75~0.94),表示所有题项都具有足够的因子载荷以解释65%以上的对应变量(66.18%~84.27%)。各变量的评分均高于中位数3.0,进一步分析各维度的克龙巴赫 $\alpha$ 信度系数,结果发现,克龙巴赫 $\alpha$ 系数范围在0.86~0.94之间,表明信度良好。单因素重复测量方差分析结果采用辛-费德勒校正测试结果,发现教师脚手架策略的两个维度之间无显著性差异($F_{(1.00, 212.00)} = 2.85$,$p = 0.09$),而学生学习情绪评分与学习满意度评分之间存在显著性差异($F_{(1.00, 212.00)} = 25.62$,$p < 0.001$)。表3和表4为单因素重复测量方差分析成对比较结果。由表3可见,脚手架策略的两个维度,即师生互动和生生互动的评分之间无显著性差异。由表4可见,学生学习情绪评分显著高于学习满意度评分($p < 0.001$)。

表2 研究变量相关问卷题项的 EFA 分析、描述性统计和信度系数($n = 213$)

| 变量 | 问卷题项 | 因子载荷 | KMO 和 Bartlett 球形检验结果 | 均值 | 标准差 | 克龙巴赫系数 |
|---|---|---|---|---|---|---|
| 师生互动 | 教师鼓励我积极参与在线学习过程 | 0.75 | KMO=0.92,Bartlett 球形检查:$\chi^2(10) = 512.58$,$p < 0.00$,总方差解释=66.18% | 3.89 | 0.61 | 0.87 |
| | 教师通过点评为我的作业提供反馈 | 0.86 | | | | |
| | 在课堂讨论中我能够与教师进行互动 | 0.79 | | | | |
| | 教师对我个人有所关注 | 0.87 | | | | |

（续表）

| 变量 | 问卷题项 | 因子载荷 | KMO 和 Bartlett 球形检验结果 | 均值 | 标准差 | 克龙巴赫系数 |
|---|---|---|---|---|---|---|
| 生生互动 | 教师阶段性地告知我的进步 | 0.81 | KMO＝0.80，Bartlett 球形检验：$\chi^2(3)$＝417.42，$p<0.00$，总方差解释＝84.27％ | 3.97 | 0.78 | 0.91 |
| | 我和同学合作完成在线学习任务 | 0.92 | | | | |
| | 合作时我和同学共享学习资料 | 0.90 | | | | |
| | 同学能够分组合作完成任务 | 0.93 | | | | |
| 学习情绪 | 完成在线学习任务,使我获得成就感 | 0.83 | KMO＝0.81，Bartlett 球形检验：$\chi^2(6)$＝369.55，$p<0.00$，总方差解释＝69.85％ | 3.46 | 0.84 | 0.86 |
| | 在线学习使我不畏尴尬地在课堂上发言,这对我很重要 | 0.80 | | | | |
| | 在线学习使我为了学习而学习,对此我很享受 | 0.83 | | | | |
| | 加入在线课堂使我获得归属感 | 0.88 | | | | |
| 学习满意度 | 在线学习激发了我的学习兴趣 | 0.91 | KMO＝0.87，Bartlett 球形检验：$\chi^2(10)$＝972.70，$p<0.00$，总方差解释＝80.03％ | 3.23 | 1 | 0.94 |
| | 我能够完成在线学习的学习目标 | 0.82 | | | | |
| | 我喜欢在线学习这种学习方式 | 0.90 | | | | |
| | 我认为在线教学是有效的 | 0.90 | | | | |
| | 我对在线学习的学习效果感到满意 | 0.94 | | | | |

表3 学生感知的教师脚手架策略两个维度之间的差异性检验（$n=213$）

| （$I$）脚手架策略 | （$J$）脚手架策略 | 平均值差值（$I-J$） | 差值的95％置信区间 | | 显著性 |
|---|---|---|---|---|---|
| | | | 下限 | 上限 | |
| 师生互动 | 生生互动 | −0.08 | −0.16 | 0.01 | 0.09 |

表4 学生学习情绪和满意度之间的差异性检验（$n=213$）

| （$I$）学习成效 | （$J$）学习成效 | 平均值差值（$I-J$） | 差值的95％置信区间 | | 显著性 |
|---|---|---|---|---|---|
| | | | 下限 | 上限 | |
| 学习情绪 | 学习满意度 | 0.23 * | 0.14 | 0.32 | $<0.001$ |

### 4.2　学生性别和年级对各变量无显著性影响

通过多元方差分析对师生互动、生生互动、学生学习情绪和学习满意度测评四个变量是否因性别和年级而存在差异。结果表明性别和年级对各变量均无显著性影响。

### 4.3　脚手架策略与学习情绪和学生满意度之间存在显著相关

表5为各研究变量之间的相关关系。脚手架策略的两个维度分别与学习情绪和学习满意度之间存在显著的正相关关系（$P<0.001$），对应的 $r$ 值范围为 $0.49\sim0.62$。表6是回归分析的结果，可见师生互动和生生互动对学习情绪和学习满意度具有显著的正向预测作用（$P<0.001$）。

**表5　各研究变量之间的相关关系（$n=213$）**

|  |  | 师生互动 | 生生互动 | 学习情绪 | 学习满意度 |
|---|---|---|---|---|---|
| 师生互动 | $r$ | 1 | 0.59＊＊ | 0.62＊＊ | 0.60＊＊ |
|  | (p-value) |  | （<0.001） | （<0.001） | （<0.001） |
| 生生互动 | $r$ |  | 1 | 0.49＊＊ | 0.55＊＊ |
|  | (p-value) |  |  | （<0.001） | （<0.001） |
| 学习情绪 | $r$ |  |  | 1 | 0.76＊＊ |
|  | (p-value) |  |  |  | （<0.001） |
| 学习满意度 | $r$ |  |  |  | 1 |
|  | (p-value) |  |  |  |  |

＊＊ $P<0.001$

**表6　教师脚手架策略对学生学习情绪和学习满意度的回归作用（$n=213$）**

| 因变量 | $R^2$ | 标准化系数 | |
|---|---|---|---|
|  |  | 师生互动 | 生生互动 |
| 学习情绪 | 41.10% | 0.51＊＊ | 0.19＊＊ |
| 学习满意度 | 42.10% | 0.42＊＊ | 0.3＊＊ |

＊＊ $P<0.001$

## 5　讨论

本研究分析了云虚拟教室中教师脚手架策略对医学生学习情绪及满意度的影响。研究结果不仅揭示了医学生在云虚拟线上学习环境中感知教师脚手架策略及其学习情绪和满意度的特征，且验证了师生互动和生生互动均与学生积极学习情绪和学习满意度存在正相关和预测效应，其中师生互动的预测效应更为显著。本研究结果对在云虚拟教学环境下教师如何合理采用脚手架策略来提高学生学习效果提供了量化依据。

## 5.1 医学生对教师脚手架策略的感知及其他特征

本研究结果表明,大多数医学生认可教师在云虚拟教室中采用的促进师生互动和生生互动的脚手架策略,并认可同步在线学习过程中体验到了一定数量的师生互动和生生互动。此外,学生对完成学习任务也表现出较为积极的学习情绪,对虚拟课堂教学效果较为满意。也有其他研究表明,同步在线教学过程中教师及时应答学生会有效帮助学生达到学习目标,是最为有效的脚手架策略之一[3,16]。在云虚拟教室中,教师采用各种云计算支持的教学工具可以有效促进同步在线课堂的教学效果。例如,雨课堂师生同步讨论、腾讯共享文档、弹幕或微信群等可促进师生或学生之间的即时交流和反馈,进而帮助学生更多参与课堂活动,获得较为满意的教学效果[17,23]。

研究结果显示,医学生在云虚拟教室的学习过程中,相较学习满意度,学生能获得较好的学习情绪。这与以往线上教学环境中的研究结果相似[24,25],表明云技术支持的教学环境可以突破缺乏面对面交流的线上教学局限,并能增进学生情绪的连接感;教师和学生还可以通过即时互动如视频来增强社交的存在感,从而减少学生因空间疏离而产生的消极情绪。但最近 Xu 等[23]的研究指出,使用微信群进行课堂讨论并不能提高学生的情绪参与度,这与本研究结果有所不同。产生这种不同的原因可能是微信群环境属于半同步线上教学环境,与云虚拟教室这种同步线上学习环境有所不同。例如,在即时交流反馈上相对有延迟,以及不能匿名提问等。此外,本研究显示在同步线上教学环境中,应采用多种云技术支持的教学工具,包括微信。云计算提供的课堂数据反馈能有效促进课堂互动,但要避免由于使用单一工具而造成无法有效提高学生学习情绪的情况。

不同性别和年级的医学生在教师脚手架策略的感知及其学习情绪和满意度方面并无显著性差异。目前关于学生个人特征对以上变量的影响的研究结果并不一致[26-28]。在线学习环境中,社会文化以及所在学校的在线教学规则等都会影响学生对学习过程和学习结果的感知,进而抵消个人特征所产生的影响[29-30]。因此在云虚拟教室中,学生个人特征与学习环境之间的关系研究需要更深入的研究来探讨。

## 5.2 教师脚手架策略和学生学习情绪、学习满意度之间的关系

本研究的相关和回归分析结果表明,教师脚手架策略对学生积极学习情绪及满意度具有促进作用。这一结果回应了教育学建构主义理论[31]和探究学习模型理论[32]的相关内容。建构主义理论指出,学习是在探求知识的过程中通过认知、社交和教学存在的相互作用来实现的。而探究学习模型理论则指出,学生在线学习过程中的学习情绪正是发生在其认知、社交和接受教学的过程之中的。因此,学生在学习过程中和教师、同辈之间积极有效的互动(社交)会激发积极的学习情绪(认知),从而达成学习目标。此外,本研究结果进一步说明,在云虚拟线上学习环境中良好的师生互动和生生互动能显著促进学生积极的学习情绪,尤

其是师生互动作用更为显著。这一结果与以往研究结果一致,即在混合式教学环境下研究教师存在感可提高学生的积极学习情绪[33]。教师存在感即为学生感知到的教师存在。提高教师存在感的途径多样,而师生互动无疑是最有利的途径之一。尽管有大量研究支持传统面对面教学更易于为积极的社会情绪提供支持,例如师生之间可通过互读表情等及时调整情绪,但本研究依然证实了云虚拟在线学习环境可以通过有效使用各种云技术教学工具,来高度模拟面对面教学的师生和生生互动环节[34],从而实现互动对学生积极学习情绪的促进作用。

本研究关于师生互动和生生互动能有效提高学生学习满意度的结果,与前期同步在线学习环境中进行的研究一致[17]。社会存在理论学家指出,教师及时地对学生做出反应并采取行动会导致学生态度包括满意度的改变[35]。由于云虚拟教室(如雨课堂等)中的多种工具都可为教师对学生需求的及时反应提供便捷的条件(例如同步讨论面板和弹幕等),学生的学习满意度必然会有所提升。然而,本研究结果显示,师生互动对学生学习情绪和满意度的影响显著高于生生互动。分析其可能的原因,是我国学生更习惯于传统的以教师为中心的课堂环境、以教师为中心的学习方法,包括从教师那里获得知识[36]等,故而生生互动对学习情绪和满意度的影响作用较小。

虽然本研究的问卷回收率较低,但结果仍具有一定的参考价值。有两个可能导致问卷回收率低的原因:一是在线调查的回收率本来就很低,以往研究显示在线调查的学生回复率显著低于其他调查方式(例如纸质调查)[37-38];二是临时的同步在线教学只是一种权宜之计,学生认为这个研究的意义似乎不大,进而兴趣不高。这也可以从以前的研究结果来获得解释,即调查的回复率和参与者对调查主题的兴趣之间具有高相关性[39]。在未来的研究中,要想提高在线调查的回收率,可使用多种联系方式,包括但不限于师生沟通和激励措施(发红包)等方式,可能会使问卷的回收率提高[37]。

# 6 结语

本研究主要进行了横断式的量化研究。但要想深入探讨文中各变量的因果关系,还有待相关的纵贯研究来进一步深入。但是,本文揭示了在云虚拟学习环境中,医学生对教师脚手架策略的感知,学生的学习情绪和满意度特征,并量化分析教师采取的脚手架策略的两个维度——师生互动和生生互动对学生学习情绪和满意度的影响。本研究对于教师如何创建高效的同步在线学习环境,以达到理想的学习效果,给出了一些可行的建议。包括创新利用多种云技术支持的教学工具增强师生互动,同时考虑如何开发利用生生互动以实现从教师为中心到学生为中心的课堂转变等。

**参考文献**

[1] MOOS R. Evaluating educational environments: procedures, measures, findings and policy

implications [M]. San Francisco, CA: Jossey-Bass, 1979.

[ 2 ] LIM D H, MORRIS M L. Learner and instructional factors influencing learning outcomes within a blended learning environment [J]. Educational Technology & Society, 2009,12(4): 282 - 293.

[ 3 ] MARTIN F, RITZHAUPT A, KUMAR S, et al. Award-winning faculty online teaching practices: course design, assessment and evaluation, and facilitation [J]. The Internet and Higher Education, 2019,42:34 - 43.

[ 4 ] LAZOWSKI R, HULLEMAN C. Motivation Interventions in education: a meta-analytic review [J]. Review of Educational Research, 2015,86.

[ 5 ] WOOD D, BRUNER J S, ROSS G. The role of tutoring in problem solving [J]. Journal of Child Psychology and Psychiatry, 1976,17(2): 89 - 100.

[ 6 ] PRITCHARD A, WOOLLARD J. Psychology for the classroom: constructivism and social learning [M]. 2010.

[ 7 ] FRESEN J. A taxonomy of factors to promote quality web-supported learning [J]. International Journal on E-learning, 2005,6(3): 351 - 362.

[ 8 ] MAMUN M A A, LAWRIE G, WRIGHT T. Instructional design of scaffolded online learning modules for self-directed and inquiry-based learning environments [J]. Computers & Education, 2020,144:103695.

[ 9 ] LIM D H, KIM H. Motivation and learner characteristics affecting online learning and learning application [J]. Journal of Educational Technology Systems, 2003,31(4): 423 - 439.

[10] FATAHI S. An experimental study on an adaptive e-learning environment based on learner's personality and emotion [J]. Education and Information Technologies 2019,24:2225 - 2241.

[11] WU J H, TENNYSON R D, HSIA T L. A study of student satisfaction in a blended e-learning system environment [J]. Computers Education, 2010,55(1): 155 - 164.

[12] KANG M, IM T. Factors of learner-instructor interaction which predict perceived learning outcomes in online learning environment [J]. Journal of Computer Assisted Learning, 2013,29(3): 292 - 301.

[13] KIM J, KWON Y, CHO D. Investigating factors that influence social presence and learning outcomes in distance higher education [J]. Computers & Education, 2011,57:1512 - 1520.

[14] MOORE M. Editorial: Three types of interaction [J]. American Journal of Distance Education, 1989,3:1 - 7.

[15] CHO M-H, CHO Y. Online instructors' use of scaffolding strategies to promote interactions: a Scale development study [J]. International Review of Research in Open and Distributed Learning, 2016,17.

[16] MARTIN F, WANG C, SADAF A. Student perception of helpfulness of facilitation strategies that enhance instructor presence, connectedness, engagement and learning in online courses [J]. The Internet and Higher Education, 2018,37:52 - 65.

[17] KUO Y, WALKER A E, BELLAND B R, et al. A case study of integrating interwise: interaction, internet self-efficacy, and satisfaction in synchronous online learning environments [J]. International Review of Research in Open and Distance Learning, 2014,15(1): 161 - 81.

[18] BAANQUD N S, AL-SAMARRAIE H, ALZAHRANI A I, et al. Engagement in cloud-supported collaborative learning and student knowledge construction: a modeling study [J]. International Journal of Educational Technology in Higher Education, 2020,17(1): 56.

[19] ALI A, AHMAD I. Key factors for determining student satisfaction in distance learning courses: a study of Allama Iqbal Open University [J]. Contemporary Educational Technology, 2011,2:114 - 27.

[20] JOHNSON S, ARAGON S, SHAIK N, et al. Comparative analysis of learner satisfaction and learning outcomes in online and face-to-face learning environments [J]. Journal of Interactive Learning Research, 2000,11:29 - 49.

［21］ FRASER B J, TREAGUST D F, DENNIS N C. Development of an instrument for assessing classroom psychosocial environment at universities and colleges ［J］. Studies in Higher Education, 1986,11(1): 43 - 54.

［22］ LEE S J, SRINIVASAN S, TRAIL T, et al. Examining the relationship among student perception of support, course satisfaction, and learning outcomes in online learning ［J］. The Internet and Higher Education, 2011,14(3): 158 - 163.

［23］ XU B, CHEN N - S, CHEN G. Effects of teacher role on student engagement in WeChat-Based online discussion learning ［J］. Computers & Education, 2020,157:103956.

［24］ KUO Y, WALKER A E, SCHRODER K E, et al. Interaction, Internet self-efficacy, and self-regulated learning as predictors of student satisfaction in online education courses ［J］. Internet & Higher Education, 2014,20: 35 - 50.

［25］ MARTIN D, RIMM - KAUFMAN S. Do student self-efficacy and teacher-student interaction quality contribute to emotional and social engagement in fifth grade math? ［J］. Journal of School Psychology, 2015,53:359 - 373.

［26］ XU D, JAGGARS S S. Adaptability to online learning: differences across types of students and academic subject areas ［J］. Community College Research Center Columbia University, 2013:54.

［27］ DANG Y, ZHANG Y, RAVINDRAN S, et al. Examining student satisfaction and gender differences in technology-supported, blended learning ［J］. Journal of Information Systems Education, 2016,27: 119 - 130.

［28］ GONZáLEZ - GóMEZ F, GUARDIOLA J, RODRíGUEZ óM, et al. Gender differences in e-learning satisfaction ［J］. Computers & Education, 2012,58(1): 283 - 290.

［29］ COLE M T, SHELLEY D J, SWARTZ L B. Online Instruction, e-Learning, and Student Satisfaction: a Three Year Study ［J］. International Review of Research in Open and Distance Learning, 2014,15(6): 111 - 131.

［30］ HARVEY H L, PARAHOO S, SANTALLY M. Should gender differences be considered when assessing student satisfaction in the online learning environment for millennials? ［J］. Higher Education Quarterly, 2017,71(2): 141 - 158.

［31］ BURNETTE D M. Effective Online teaching: foundations and strategies for student success. ［M］. San Francisco, CA: John Wiley & Sons. , 2011.

［32］ GARRISON D R, ANDERSON T, ARCHER W. Critical inquiry in a text-based environment: Computer conferencing in higher education ［J］. The Internet and Higher Education, 2000,2(2 - 3): 87 - 105.

［33］ LAW K M, GENG S, LI T. Student enrollment, motivation and learning performance in a blended learning environment: The mediating effects of social, teaching, and cognitive presence ［J］. Computers & Education, 2019,136: 1 - 12.

［34］ AL - SAMARRAIE H, SAEED N. A systematic review of cloud computing tools for collaborative learning: Opportunities and challenges to the blended-learning environment ［J］. Computers & Education, 2018,124:77 - 91.

［35］ RICHARDSON J C, SWAN K. Examining social presence in online courses in relation to students' perceived learning and satisfaction ［J］. Journal of Asynchronous Learning Networks, 2003,7(1): 68 - 88.

［36］ LEVINSOHN K R. Cultural differences and learning styles of Chinese and European trades students ［J］. Institute for Learning Styles Journal, 2007,1:12 - 22.

［37］ FINCHAM J E. Response rates and responsiveness for surveys, standards, and the Journal ［J］. American journal of pharmaceutical education, 2008,72(2): 43.

[38] GOODMAN J A, ANSON R, BELCHEIR M J. The effect of incentives and other instructor-driven strategies to increase online student evaluation response rates [J]. Assessment & Evaluation in Higher Education, 2015, 40: 958 - 970.

[39] SALEH A, BISTA K. Examining factors impacting online survey response rates in educational research: Perceptions of graduate students [J]. Journal of Multidisciplinary Evaluation, 2017, 13: 63 - 74.

# Effects of teacher scaffolding strategies on medical students' learning emotions and satisfaction in a cloud-based virtual learning environment

**Wang Rong, Liu Chuanyong, Zhang Xiyu**

**Abstract:** This study investigated the characteristics of medical students' perceptions of instructor scaffolding strategies, learning emotion and satisfaction, and the relationships between them in cloud-based online learning environments. The results from a sample of 213 medical students showed high levels of students' perceived instructor scaffolding strategies, learning emotion and satisfaction, and revealed no significant difference in students' perceptions of instructor scaffolding strategies, learning emotion and satisfaction among those with different demographic characteristics such as gender and grade. Instructor-student interaction and interaction among students had the positive effect on student learning emotion and satisfaction, and instructor-student interaction seemed to contribute more to predict the positive effect on learning emotion and satisfaction.

**Key words:** instructor scaffolding strategies; student learning emotion; learning satisfaction; cloud-based virtual classroom

# 项目式学习在"数据库原理及应用"课程差异化教学中的应用效果研究

李玉蓉　尹诗白　陈中普

**摘　要：**"数据库原理及应用"课程的学习者正在呈现多样性特征,比如,不仅是计算机专业的学生,越来越多非计算机专业的学生也选修该课程。为了更好地兼顾不同知识水平和技能学习者的学习需求,我们提出将项目式学习教学模式应用于"数据库原理及应用"课程进行差异化教学,以真实项目设计和实施为载体,运用任务分层、分组活动、评价反思等方法对教学内容和过程进行差异化、多样化的学习环境设计,让学习者积极参与到更适合他们的学习活动中,以增进知识和技能的习得。教学实践结果表明,基于项目式学习的差异化教学能够激发不同层次学习者的学习兴趣和学习积极性,使他们在专业知识水平和解决问题能力等方面都获得不同程度的进步与提升,并促进其个性化学习和全面发展。

**关键词：**差异化教学;学习者多样化;项目式学习;数据库课程

## 1　引言

在大数据时代背景下,数据库技术应用越来越广泛。数据库技术作为一种信息系统架构的基础核心技术,不仅在传统行业信息管理中不可缺少,还广泛应用于各类新兴场景中。比如在大数据、物联网等领域中就有很多需要依据大规模实时数据做出决策的场景。由于有广泛的产业应用,"数据库原理及应用"课程也成为一门有广泛需求的课程。不仅计算机专业的学生,越来越多非计算机专业的学生都开始选修该课程。

随着不同专业学生选修"数据库原理及应用"课程,该课程的学习者正在呈现多样性特征。学习者之间的差异不仅表现在认知水平、学习态度、学习兴趣等方面的不同,在课程预备知识和技能水平方面的差异也越发凸显,在学习目标上也有显著区别。传统式的教学模

**作者简介：**李玉蓉,女,教授,博士,西南财经大学计算机与人工智能学院,研究方向为模式识别、软件工程,邮箱:liyr_t@swufe.edu.cn;尹诗白,女,副教授,博士,西南财经大学计算机与人工智能学院,研究方向为图像处理,邮箱:shibaiyin@swufe.edu.cn;陈中普,男,讲师,博士,西南财经大学计算机与人工智能学院,研究方向为数据库技术,邮箱:zpchen@swufe.edu.cn。

**基金项目：**西南财经大学教师教学发展项目(项目编号:jxfz-2023-kt09),西南财经大学2023年度"双一流"建设专项场景化教学项目(《数据库原理及应用》课程)。

式难以兼顾不同知识水平和技能学习者的学习需求,更难以促进不同类型学习目标的达成,这导致数据库教学课堂中出现了有的学生"吃不饱"、有的学生"难以消化"的学习困局。因此,如何运用新的教学方法进行教学设计重构,以满足差异化、多样化的学习需求,是一个亟待解决的问题。

## 2 数据库课程及学习者特征概述

### 2.1 数据库课程概述

"数据库原理及应用"是一门理论性和实践性并重的课程。该课程讲授数据库系统的基本概念、原理及其相关应用,主要包括三部分:数据库应用、数据库系统分析与设计的关键理论和方法、数据库系统的运行和维护。数据库课程强调数据库理论和技术的应用,要求学生能够运用所学知识对数据进行抽象和建模,并具备一定的数据库分析设计、应用和管理维护开发能力。

该课程之前主要采用以教师讲授为主的传统教学模式[1-2]。教师集中讲解专业知识,学生进行作业和实验的应用操练,以完成相关专业知识和技能习得的教学目标。此外,教师对于学生反馈的学习疑问会做统一解答。教学实践结果表明,这种教学模式的局限是:第一,学生易处于被动学习状态,其学习积极性和主动性较难被激发;第二,教师难以针对不同专业基础和学习能力的学生进行个性化教学,"因材施教"被束之高阁;第三,课程知识点分散,缺乏系统化和逻辑连贯性,导致学生难以从系统开发与应用层面整合所学知识,用以解决实际问题。

### 2.2 课程学习者的多样性特征及挑战

本研究通过成都市某"双一流"建设高校"数据库原理及应用"课程教学观察到,学习者的多样性特征日趋明显,具体表现在三方面:①学习者的计算机专业基础和专业学习能力差异显著。有的学习者已完成程序设计语言、数据结构等先修课程要求,而有的学生没有修读过此类课程,以至于在专业先修课程知识储备上存在差距。②学习者的计算思维和能力也参差不齐。例如,不同专业、不同年级学生的编程技能差距显著,使得他们在课程设计过程中面临不同的学习挑战与压力。③学习者的学习目标差异增大。社会全面高质量发展需要不同的数据管理人才,尤其是新兴发展领域对复合型人才提出了不同需求,高校不同专业学生的学习目标随着社会发展在不断变化,专业需求不尽相同。比如,有的偏重数据库系统分析设计,有的侧重数据库管理,有的只是对数据库应用感兴趣。此外,在新文科背景下,一方面,文科专业学生越来越重视计算机技术的学习和计算思维能力的培养,部分学生会选修计算机专业课程;另一方面,该课程的技术性和专业性导致部分文科专业学生学习困难,甚至个别学生最终没有达到课程的基本学习目标。如何帮助这些初始专业能力较弱的学生进步与提升,也是这门课程在教学实践中需要解决的一个新问题。

## 3　基于项目式学习的课程差异化教学模式的理论依据

以往,以教师讲授为主的教学一般采用"抓住中间,平衡两头"的教学策略,教师难以根据学习者的专业基础和能力进行个性化教学,可能导致基础好的拔尖学生"吃不饱"、基础薄弱的后进学生"不消化"现象。现今,"数据库原理及应用"课程学习者的多样性特征及其挑战对教师教学提出了新的要求。教师需要清楚认识学生的多样性,注意到学生独特的学习需求及其在知识和技能获取方式上的差异,帮助学生构建自己对知识的理解,才能使课程学习对学生有意义[3]。

差异化教学是指教师针对学习者的多样性特征,在课堂教学中对教学方法和教学设计不断探索和调整,以应对学习者的多样性[4]。差异化教学由于操作复杂,具有较大的挑战性,通常鲜有教师在课堂中使用[5]。"数据库原理及应用"课程教师在教学实践中格外重视学习者已呈现出的多样性特征,即学习需求、学习能力和学习方式等方面的差异,并为其提供个性化的学习环境,促成学习真正发生。

项目式学习(project-based learning, PBL)是一种以建构主义学习理论为基础,并将多元智能理论、同伴互助教学方式、情境认知理论等进行有机结合的一种教学模式[6]。建构主义学习理论认为学习是一个意义建构的过程,是一个通过新旧经验相互作用,丰富和调整学习者认知结构的过程[7]。PBL教学模式提供了一种个性化的学习途径,这种途径是在学习者的认知基础之上所进行的自主学习和探究式学习。学习者基于自己的认知基础主动获取学习新的知识,教师则为学习者发现问题、分析问题和解决问题提供个性化的指导与支持。在项目的构思、设计和实施过程中,学习者不是被动地接受知识,而是为了解决问题,积极主动获取知识,教师从中激发其兴趣与责任感,使其全身心投入学习中,有效提高其分析、理解和创造能力。此外,多元智能理论认为人的智能组成是多元的,个人的智能构成是不同的[8]。PBL强调应该根据学习者的个体差异进行多样化教学环境设计,提供多样性的选择,以便学习者采用与其智能特征匹配的方法进行个性化学习,促进其知识水平和能力的发展。再者,同伴互助教学理论强调学习者在与他人的交互、协同工作中得到发展。PBL学习是以小组合作的形式进行相关学习活动,小组成员主动在小组里或小组间分享知识并进行有效知识建构,学习困难者可以获得学习优秀者的帮助和辅导。情境认知理论的核心观点是知识与实践的交互性。PBL教学模式为学习者提供了一种"做中学""学以致用"的途径,这可以与课程目标很好地契合。即面对真实问题的挑战,学习者以问题解决者身份全心投入学习实践,以促成高阶学习目标的实现。

通过对PBL教学模式的理论基础分析发现,PBL教学模式能够为"数据库原理及应用"课程的差异化教学设计提供可行途径。

# 4　基于项目式学习的数据库课程差异化教学设计

PBL 教学是从问题出发,通过对问题的分析,发现新的问题,再次分析问题,最后达到解决问题的目的[9]。"数据库原理及应用"课程教学以数据库应用系统项目设计实施的全生命周期为载体,让学习者通过自主学习和主动实践的方式完成课程学习目标,其教学过程主要包括以下三个环节:项目问题设计、问题解决和项目评价。

## 4.1　项目问题设计

问题设计是"数据库原理及应用"课程 PBL 教学的基础。教师根据课程目标创设问题情境,激发学生的学习兴趣,设计适当的项目任务以激发学生全身心投入。基于 PBL 教学实践经验分析发现,项目任务应满足以下三方面的要求:第一,项目所涉及的知识和技能须覆盖课程的基本内容和重难点。目前 PBL 教学的一个主要问题是学习内容覆盖不完整。学生只对项目中涉及的知识进行深度学习,但对项目没有涉及的知识往往忽略了。第二,项目应具有挑战性和工程意义。具有挑战性的问题能激发学生的好奇心,使其全身心投入学习中。有工程意义的项目不仅能启发学生思考数据库开发过程中的实际问题,也能让学生看到所学知识的实际应用价值。第三,项目背景要易于理解。这有利于学生将主要精力集中于数据库设计所需的专业知识和开发技能,而不是将大量时间和精力用于理解应用领域的背景知识。

如何设计既能实现课程基本教学目标,又能满足学习者多样化需求的项目任务,是问题准备阶段的核心问题。

考虑到课程的基本内容包括数据库应用、数据库分析设计和数据库管理维护三个部分,项目式教学所设计题目是针对一个真实场景,设计和开发一个数据库应用系统。该系统开发过程所需知识和技能与课程内容、教材章节知识点的对应关系如表 1 所示。表中内容显示了数据库系统开发所需知识和技能课程的基本教学内容一致。但所用教材《数据库系统导论》的章节内容按数据库应用、设计、维护等模块编排,与数据库系统开发顺序不完全一致。

表 1　数据库系统开发周期任务与课程内容及教材章节对应关系

| 数据库开发周期任务 | 课程内容 | 教材章节 |
| --- | --- | --- |
| 需求分析及数据需求概念建模 | 数据调查方法和存储需求分析<br>实体-联系模型建模方法 | 第 7 章第 7.1 节,7.2 节,<br>7.3 节 |
| 数据库逻辑模型设计及优化 | 关系数据模型设计方法<br>关系数据模型规范化方法 | 第 2 章第 2.1 节,7.4 节,<br>第 6 章 |
| 数据库物理结构设计 | 物理结构设计任务和方法 | 第 7 章第 7.5 节,第 9 章 |

（续表）

| 数据库开发周期任务 | 课程内容 | 教材章节 |
| --- | --- | --- |
| 数据库实现 | 创建数据库 | 第3章 |
| | 数据库用户界面设计 | 第8章 |
| 数据库完整性控制、安全管理和数据备份与恢复管理 | 数据库完整性约束机制和方法 | 第5章 |
| | 数据库安全性控制机制和方法 | 第4章 |
| | 数据库备份和恢复原理及方法 | 第10章 |

在PBL教学中，教师往往提供多个项目任务，以便学习者根据自己的知识体系和兴趣来选择个性化的学习。但这种方式将耗费教师更多的时间和精力设计教学活动；另外，也会导致学生为了进行有效的小组互评而花费更多时间和精力了解不同项目的领域知识。为此，我们提出了基于同一个问题场景的设计任务分层策略，即在满足信息系统基本需求的基础上，对不同层次的学习者设计和实施不同的系统功能。例如，教师从真实的生活场景出发，以如何利用信息技术提升本校学生宿舍管理效率作为项目问题。教师在项目任务中只简要描述高校宿舍管理数据库应用系统的基本功能要求，包括公寓信息管理、宿舍分配、学生入住及退宿管理、住宿收费管理（房费和水电费）等一系列有关宿舍管理的业务，确保引导学生能完成课程基本知识和技能的学习。学生将根据实际调查和自己的认知，细化系统的功能要求以及提出新的系统需求。在提出新的系统需求方面，学生会根据自己的知识水平和能力，考虑实现系统的可能性，提出与自己的知识、能力相匹配的新的系统需求，从而实现任务分层。例如，有的学生提出宿舍管理系统也可支持一些辅助管理功能，包括物品维修登记、访客信息登记、学生违纪登记等。有的学生有新颖的思路，调查发现每年寒暑假期，学生宿舍大量房间空置，受到共享经济热潮的启发，提出在寒暑假将宿舍短期出租，系统可以提供房间短期租用服务等管理需求。

值得注意的是，教师不仅提出项目任务，而且要把项目设计结果视为产品，提出明确的项目产品要求，包括系统最基本的功能要求、用户界面交互性等要求。

### 4.2 项目设计中的问题解决

在项目设计的问题解决阶段，学习者以小组合作形式进行探究性学习和设计实践。在课程教学实践阶段，学生分组和教师提供适当的教学支架是关键问题。

灵活分组是教师实现差异化教学的一种有效教学策略。学生在异质小组中互相学习，从而使每一个学生都能得到不同程度的进步[10]。"数据库原理及应用"课程教师根据学习者的成绩和学习风格进行灵活分组。首先，确保每一组至少有一名成绩优秀的学生，使其在自主学习过程中发挥引领作用，充当教师的助手辅导同伴。其次，每组先备知识和技能不足的学生不超过一个，以便小组的整体学习进度不被拖后，同时确保其能得到小组成员充分帮助。再次，因学习风格直接影响学习者学习策略、学习方法的选择，进而影响学习行为。在小组合作探究中,尽量将不同学习风格的学生分在一组中,以达到在不同学习阶段担当不同责任、发挥不同作用的目的,最终达到取长补短的效果。

数据库应用系统设计和开发是一项复杂的工程设计项目。在学习者的项目式学习过程中,教师提供脚手架支持是必要的。有些课程中的 PBL 教学实践质量不高,其中一个重要的原因是缺乏必要的脚手架支持。已有的研究表明脚手架在提高学生自主学习能力、学习兴趣、信心和协作学习方面能发挥重要作用[11]。"数据库原理及应用"课程教师首先积极引导学生基于数据库应用系统的开发过程和步骤,对系统整个设计过程进行阶段划分,形成小的问题情境,分别是系统需求分析与建模、数据库逻辑结构设计、物理结构设计、数据库实施、数据库运行及基本维护管理等。这些分阶段的问题情境为学生提供了一个隐形的脚手架,既让学生对解决问题的步骤有明确的认识,也能让学生熟悉工程实践中数据库项目设计的过程。针对这五个阶段的问题情境,教师指导学生通过小组讨论,制订出项目的初步设计开发方案,进行任务分配和进度规划。另外,教师也要指导学生明晰项目所需的基本知识和技能,并预先充分了解小组成员已具备的专业知识和技能,了解他们在解决问题时可能存在的知识和技能差距,从而精准确定各小组要学习的知识内容。这与传统的教学方法不同,采用 PBL 模式,需要更加重视学生的先备知识和个体差异,让不同学习者按个性化路径进行自主学习,以达到课程学习目标。

为应对学习者多样化的特征,教学模式和方法也应多元化。采用 PBL 教学模式,并不意味着摒弃讲授模式。讲授模式能够使学习者快速集中学习一些比较复杂深奥的基础理论知识,仍然是高校课堂中的一种重要教学方式。系统需求分析与建模是数据库应用系统开发和设计中的重点,也是难点,特别是建模方法和技巧需要教师讲授指导,以避免学习者低效学习。"数据库原理及应用"课程引入案例讲授方法讲解数据库概念的基本要素、建模方法和技巧。例如,选择一个简单的数据库实际应用,把系统处理需求和存储需求进行典型化处理,引导学生分析、处理,并对相关理论开展讨论。教学实践发现:越接近真实场景的案例越易于激发学生的兴趣,学生在教师对案例的讲授分析过程中积极参与讨论,掌握数据库概念模型的特征和建模方法,同时也在此参与过程中提高了分析解决问题的能力。

学习模式由传统模式下被动接受知识转变为自主学习。在指导学生方面,教师需向学生提供丰富的学习资源库,包括参考文献、案例分析、微课视频等,引导其主动学习查阅获取所需知识解决项目问题。值得注意的是,针对同一问题,尽量提供多种方案和资源供学生选择。例如,对于数据库编程技术,考虑到学习者熟悉不同的程序设计语言,教师提供了基于Java、Python、C++等多种语言的数据库访问技术微课和代码示例。

在项目设计开发过程中,教师可应用脚手架策略增强学习者的学习动机和信心。例如,当在系统开发过程中面对困难和压力时,不同学习者有不同的态度和应对方式。当学生的学习动机和兴趣处于低落状态,教师及时提供脚手架以增强他们的学习动机和兴趣。特别是对于先备知识和技能不足的学习者,教师需关注他们的学习状态,提升他们的自我效能感,使其愿意通过学习新的知识和技能以解决问题。

### 4.3 项目评价

传统的基于项目驱动的课程教学评价侧重终结性评价。基于项目式学习的学习评价不仅要重视终结性评价，更要重视过程性评价。过程性评价和反馈不仅被用来引导学习者积极反思、不断梳理所学专业知识和技能，促进其知识的再建构、能力的再提升，而且还被用来培养学习者的沟通、协作、创新等多方面能力。

"数据库原理及应用"课程教师根据其教学实践编写了项目评价表和项目设计过程评价表。项目评价表主要是对学习者完成课程学习后所习得的专业知识和技能进行评估。教师通过对学习者的数据库系统设计方案的评估来判断学习者对知识和技能的掌握情况。评价指标和内容分布如表2所示。项目过程评价表主要针对学习者在项目设计过程中的阶段性学习成果的完成情况进行评估，包括对学习者的分析问题、反思、创新能力、学习态度、协作和沟通能力的评估。评价维度和内容如表3所示。

**表 2　项目评价表**

| 一级指标 | 评价要点 |
| --- | --- |
| 分析设计思路 | 设计思路是否清晰、合理 |
| 项目任务 | 项目是否完成基本要求，运行是否良好 |
| 项目创新 | 需求拓展部分是否立意新颖，运行是否良好 |
| 系统设计文档 | 设计文档是否规范 |
| 设计答辩 | 在系统介绍和沟通交流中，团队阐述是否清楚，能否较好地解答疑问 |

**表 3　项目设计过程评价表**

| 一级指标 | 评价要点 |
| --- | --- |
| 任务完成 | 团队按时按要求完成项目的各个阶段任务 |
| 问题分析能力 | 在项目设计过程中，发现问题并对问题进行分析和提出解决方案 |
| 反思能力 | 能认识到已有方案的不足之处，并制定相应的改进计划 |
| 创新能力 | 能对问题提出多种解决方案并有一定的创新性 |
| 任务分工 | 小组做好成员分工，分工内容及交付时间明确 |
| 团队协作 | 在开发过程中，小组成员积极参与，相互配合 |

项目评价主体也呈现多元化。基于以上评价指标，采用组内自评、小组间互评和教师评价等多种主体视角进行综合评价。在项目评定中，三方主体的评价结果占比分别为小组自评 10%，小组间互评 30%，教师评价 60%。项目评价不是最终目的，而是以评价促进反思和改进。多元评价让学习者从多个视角去发现项目设计中的问题，分析问题，提出问题解决方案，对项目设计产品不断修改和优化，促进学习者知识体系的构建和完善。多元评价不仅提升学习者的专业知识和技能，也促进其沟通、协作、反思等能力的发展。

## 5 基于项目式学习的课程差异化教学实施效果

为了评价基于 PBL 的课程差异化教学效果,对学习者进行了问卷调查和深度访谈。基于文献[12]中的评价指标和课程教学实践经验,编制了一个课堂教学效果调查问卷。问卷包括两部分,学习态度评估和问题解决能力评估,共包含 8 个题项。在基于 PBL 差异化教学前和教学之后,我们分别对选课的 62 名学习者进行了问卷调查,并从中选择了 8 名同学进行访谈。采用科龙巴赫 Alpha 信度系数进行信度检验,问卷的信度为 0.901,表明问卷可靠性较高。采用因子分析法进行效度检验,KMO 取值大于 0.7,P 值小于 0.01。两个维度的各个因子载荷值大于 0.6,表明问卷具有良好的结构效度。

### 5.1 学习态度的改善

问卷的学习态度维度主要涉及学习兴趣、学习投入、学习主动性。学习态度维度部分包括的题项主要有:你对课程有兴趣吗? 你积极参与课堂学习吗? 课后小组讨论,你是否会积极参加? 在课程学习中遇到问题,是否会向老师或同学寻求帮助? 问卷分析结果如表 4 所示。

**表 4　学习者学习态度调查数据分析**

| | 前测 | | | 后测 | | |
| --- | --- | --- | --- | --- | --- | --- |
| 学习兴趣 | 无趣<br>15% | 有趣<br>61% | 非常有趣<br>24% | 无趣<br>5% | 有趣<br>47% | 非常有趣<br>48% |
| 课堂参与 | 没有参与<br>2% | 参与<br>62% | 积极参与<br>36% | 没有参与<br>0 | 参与<br>48% | 积极参与<br>52% |
| 课后讨论 | 没有参加<br>19% | 参加<br>52% | 积极参加<br>29% | 没有参加<br>2% | 参加<br>44% | 积极参加<br>54% |
| 寻求帮助 | 没有<br>22% | 偶尔<br>56% | 经常<br>22% | 没有<br>5% | 偶尔<br>57% | 经常<br>38% |

问卷调查结果表明,采用 PBL 差异化教学后,学习者的学习兴趣在一定程度上提高了。95% 的学生认为课程很有趣或有趣,比前测高出 10%。随着学习兴趣的增加,学习者的课堂参与度随之增加。所有学生都参与到课堂学习中来,特别是积极参与部分比前测高出 16%,感觉课程学习无趣的比例比前测下降了 10%。学生的课后讨论参与率也明显提高,比前测高出 17%。在学习过程中遇到问题,95% 的学习者会主动寻求帮助,比前测高出 17%。这些结果表明基于 PBL 差异化教学不仅提高了不同层次学习者的学习兴趣,还提升了他们的学习积极性和主动性。

学习者的访谈结果与问卷调查结果基本一致。根据访谈结果分析,大多数受访者认为

PBL学习激发了其学习兴趣和自主学习的积极性。例如,学习力强的宛同学反馈:"自己不仅很好地完成了课程的基本学习要求,而且还根据自己的兴趣和专业选择进行了拓展设计任务,课后投入大量时间精力进行自主学习,我的知识和技能都得到了很大提升。"另外,跨专业选课的张同学表示:"我上课前就期望掌握数据库查询分析方法和技巧,在小组分工协作时,我主要负责数据查询和分析,因此学习了很多相关理论和运用方法。另外,小组成员的帮助有助于我克服对计算机课程学习的畏难情绪,进一步提升了学习兴趣。"

### 5.2 问题解决能力的提升

学习者问题解决能力维度主要想测量学生应用知识分析与解决问题的能力、自我反思能力、创新实践能力。因此问卷的题项主要有:运用所学知识分析与解决问题的能力是否有进步? 对已有的问题解决方案进行反思和修改的能力是否有提高? 在遇到实际问题时,设计创新性解决方案的能力是否有提升? 具体结果如表5所示。

表5   学习者问题解决能力调查数据统计

| | 没有进步 | 进步较小 | 进步一般 | 进步较大 |
|---|---|---|---|---|
| 应用知识分析与解决问题能力 | 0 | 10% | 22% | 68% |
| 自我反思能力 | 0 | 6% | 23% | 71% |
| 创新实践能力 | 3% | 13% | 34% | 50% |

表5中的结果表明,采用基于PBL的差异化教学,学习者应用知识分析与解决问题的能力、自我反思能力、创新实践能力都有不同程度的提升,大部分学生进步较大。例如,应用知识分析与解决问题能力进步较小的学生只有10%,而进步较大的学生有68%。

大多数被访谈学生认为,经过项目式学习,他们的数据库基本理论水平和应用实践能力得到较大提升。不同层次学生在不同方面各有所获。例如,跨专业选课的宋同学表示:"通过这门课程的学习,我掌握了数据库的分析处理方法,也增强了学好计算机课程的自信心。"宛同学认为:"通过在项目设计过程中不断发现问题、分析问题和解决问题,加深了我对相关理论的理解与思考,并且提升了我的自主学习能力。"

## 6 结语

"数据库原理及应用"课程教学实践的结果表明,基于项目式学习的差异化教学能有效激发不同层次学习者的学习兴趣和学习积极性,促进学习者的个性化学习,并使他们在专业知识水平和解决问题能力等方面都获得不同程度的进步。

为使基于PBL的差异化教学顺利实施并取得较好的效果,教师在教学设计中应注意以下三个方面:

（1）在项目任务设计时，首先考虑将课程基本知识的学习融入项目式的学习和设计活动中，促进学习者知识体系的建构，确保课程基本目标的达成；其次，要详细考虑设计任务的分层，以兼顾不同层次的学习者，让他们都参与到最适合自己的学习活动中。

（2）发挥学习评价的导向作用。重视过程评价，以评促学，引导学习者不断梳理所学专业的知识和技能，促进知识的再建构、能力的再提升。在评价过程中，也可以因人而异，采用多元化评价方式，促进学习者的个性化发展。

（3）面对学习者差异性的多层次教学需求，教师教学时间和精力也有限，应充分发挥同伴互助学习的作用。教师要信任学生，为学生创设互助性的学习环境，充分发挥他们的潜能。教师在必要时进行指导讲解，提供支持，引导学生进阶学习。

尽管 PBL 教学模式为实现差异化教学提供了一种可行方案，但这种尝试还处于初级阶段，一些问题有待进一步探索和完善。处理学习者之间的差异性问题会耗费教师大量时间和精力，当课堂上的学习者数量多且差异较大时，可能导致教师难以应对个性化指导要求，进而影响差异化教学的效果。如何采用人工智能技术辅助教师对学生的个性化进行指导，以提升差异化教学的效果，是一个值得研究的问题。尽管过程性评价是学习者评价的一个重要部分，但目前缺乏明确的、操作性强的评价标准，过程性评价标准有待进一步完善，过程性评价流程需要优化。研究过程中所使用的问卷在编制过程中还存在很多纰漏，其他研究者如果使用此问卷，一定要进一步修订完善。

## 参考文献

［1］胡海洋,李忠金."案例分解讲演、项目实践驱动"为核心的数据库系统原理课程教学改革[J].教育教学论坛,2018(12)：64 - 68.

［2］宁黎华,陈光喜.数据库原理实验教学改革研究—以桂林电子科技大学信息与计算科学专业为例[J].计算机教育,2014,16(1)：60 - 63.

［3］LOPEZ O S. Classroom diversification：A strategic view of educational productivity [J]. Review of Educational Research, 2007,77(1)：28 - 80.

［4］董艳,孟南希.教师如何应对多样性学习者的教学挑战[J].北京教育学院学报,2021,35(5)：9 - 14.

［5］刘美凤,刘文辉,梁越,等.差异化教学何以施行：班内多层次教学方案的设计与实施[J].中国电化教育,2022,35(1)：124 - 133.

［6］CHU S K W, ZHANG Y, CHEN K, et al. The effectiveness of wikis for project-based learning in different disciplines in higher education [J]. The Internet and Higher Education, 2017, 45(4)：49 - 60.

［7］冯忠良、伍新春、姚梅林,等.教育心理学[M].北京：人民教育出版社,2010;159 - 160.

［8］加德纳.多元智能[M].沈致隆,译.北京：新华出版社,1999;13 - 14.

［9］田社平,王力娟,邱意弘.问题式教学法对工科大学生批判性思维倾向影响的实证研究[J].高等工程教育研究,2018(6)：156 - 160.

［10］CIGDEMOGLU C, KAPUSUZ K Y, KARAA. Heterogeneity in classes：cooperative problem-solving activities through cooperative learning [J]. Croatian Journal of Education, 2014,16(4)：999 - 1029.

［11］BELLAND B R, KIM C, HANNAFIN M J. A framework for designing scaffolds that improve motivation and cognition. Educational Psychologist [J], 2013,48(4),;243 - 270.

［12］叶荔辉. 基于 STEM 教育理念的 PBL 教学模式设计与实践研究［J］. 电化教育研究，2022，43（2）：95 -
101.

---

# Application research of differentiated instruction in "database principle and application" based on project-based learning

**Li Yurong，Yin Shibai，Chen Zhongpu**

**Abstract**：Not only computer science students，but more and more non-computer science students take the course of database principle and application. The course students have demonstrated increasingly diversified representations. It is difficult to take into account the different learning needs of learners with different knowledge levels and skills in normal teaching. Aimed at coping with the teaching challenges of diverse learners，a differentiated instructional mode in this course is employed which is based on project-based learning（PBL）. It is implemented and evaluated. The results show that the differentiated teaching method based on PBL facilitates students with personalized learning and growth.

**Key words**：differentiated instruction；diverse learners；project-based learning；database course

# 基于有声语料库的德语阅读课程思政教学研究

仇宽永

**摘　要：**本文探讨了如何将思政元素融入德语阅读课程教学。文章以社会主义核心价值观为标准来选择阅读语料,从教学目标、教学内容、教学方法和教学评价四个维度探讨了如何将思政融入德语阅读课程教学。本文的创新点在于:采用社会主义核心价值观和基于有声语料库的新方式进行阅读材料的选取,解决了现有教材更新不及时的问题。本文以"垃圾分类与光盘行动"为例,将思政和BOPPPS教学法有机融合,引导学生进行有声阅读,分析文章,着力提升学生的自主学习能力和思辨能力,增强文化自信。并通过开放性问题调查对教学情感目标的达成效果进行了评估。结果表明该课程设计对于教学目标的情感达成是有效的,为高校外语的课程思政建设提供了一种可行的新思路。

**关键词：**基于语料库;课程思政教学;德语阅读课

## 1　引言

课程思政融入外语教学已经成为当下学界的重要研究议题。目前的研究多集中在英语教学中的思政融入,将课程思政融入德语教学的研究还相对匮乏。外语课程思政建设包含六个要素,即外语课程思政建设的目标和原因、课程思政的定义解读、课程思政建设的参与者、课程思政建设的时间点、课程思政建设涉及领域和课程思政建设的落实方法[1]。本文主要讨论课程思政的定义解读以及在德语阅读课程中的落实方法两个问题,即探讨课程思政是什么和怎么做的问题。特别是在具体落实课程思政的过程中,笔者提出建设并利用有声语料库进行选材,从中德视角出发在德语课程中融入思政内容;在选取好恰当语料的基础上,通过BOPPPS教学法有步骤地进行课程思政教学活动。

**作者简介：**仇宽永,女,上海交通大学讲师,博士,主要研究方向为语料库语言学、话语分析和课程思政教学,邮箱:qiukuanyong@163.com。

**基金项目：**上海教育科学研究项目一般项目"课程'思政'视域下的中国特色有声德语阅读语料库建设与应用"(编号C2021290)的阶段性成果。

## 2　课程思政的起源、发展以及德语阅读课程思政内涵

2018年5月，习近平总书记在北京大学师生座谈会上的谈话中强调了思政在教育教学中的重要性[2]。随后教育部、上海教委等多个部门出台相关政策。根据教育部2020年6月发布的《高等学校课程思政建设指导纲要》要求，课程思政应该围绕全面提高人才培养能力这个核心点。对于文史哲专业课程"要结合专业知识教育引导学生深刻理解社会主义核心价值观，自觉弘扬中华优秀传统文化、革命文化、社会主义先进文化"[3]。2021年5月，习近平总书记给《文史哲》编辑部回信，明确指出"坚持中国道路、弘扬中国精神、凝聚中国力量，在新的时代条件下推动中华优秀传统文化创造性转化、创新性发展"的重要意义[4]。

基于以上文件和习近平总书记讲话精神，笔者认为，面向当代大学生的德语阅读课程应该具备专业知识培养、能力提升和德育的三重属性。德语阅读课程的设计应该要以培养学生树立坚定的理想信念，培养爱党、爱国、爱社会主义的人才为出发点，因为"只有以中国社会主义国家的认知和认同为己任，才能在语言学习、文化比较上，互学互鉴，坚持中国立场，讲好中国故事"[5]。德语阅读材料应该能够体现家国情怀、文化素养、宪法法治意识、道德修养等内容，以实现中国梦教育、社会主义核心价值观教育、法治教育、中华优秀传统文化教育。

## 3　思政融入德语阅读课程的教学法理据

从教学法角度出发，思政全面融入各个专业学习是教学法理论对于学生培养要求的一部分。根据Bloom教育目标分类学[6]，教学活动的整体目标划分为认知领域、技能学习领域和情感学习领域。具体到德语阅读课程的目标设置：知识目标就是教授学生在德语阅读过程中涉及的具体词汇、语法、题材及语用知识；技能目标就是培养学生快速阅读的技能，同时培养其语言应用能力、合作能力、自主学习和思辨的能力；在达成以上两个目标的过程中，融入情感学习，即实现立德树人的根本任务。我们现在提出的课程思政正是将Bloom教学法理论中的情感学习领域具体化和可操作化，落实到爱党、爱国、爱社会主义这些具体的积极情感培养中。

由此可见，思政融入德语阅读课程是具备理论依据的，是教学理论本来就具备的诉求。

## 4　思政全面融入德语阅读课程教学

本德语阅读课程的授课对象是上海交通大学德语专业第5学期的本科生。学生在这一阶段已经过2年的德语专业学习，具备了一定基础的德语知识。课程选课人数长期保持在20人左右。笔者认为，针对德语阅读课程设计，可以从课程目标设定、教学内容、教学评价和教学方法四个层面融入思政目标，从而实现育人功能。

## 4.1　融入思政的课程目标

不同的外语课程,要根据不同学科专业的特色和优势,设立不同的育人目标。对于德语阅读课程,应该从专业知识体系中蕴含的思想价值和精神内涵入手,拓展阅读课程的广度、深度,增加德语阅读课程的知识性、人文性。目标的设定和课程基本信息有关。

上海交通大学德语阅读课程原有教学大纲的教学目标如下。

(1) 掌握有关德语国家社会、政治、经济、文化、文学等方面的知识。

(2) 能够按大纲要求阅读题材涉及德语国家的政治、经济、社会生活和文化,在知识性和文学性等方面有一定深度的文章。

(3) 在掌握基本阅读方法的基础上要求迅速提高阅读速度。

(4) 培养观察语言、假设判断、分析归纳、推理验证等逻辑思维能力,并学会阅读技巧。

在原有教学目标的基础上,笔者根据上海交通大学"四位一体"的办学理念和社会主义核心价值观,并将育人目标融入德语阅读教学,具体内容如下。

(1) 价值引领。在德语阅读话题选材上,以社会主义核心价值观为基准,从中德视角选择主题为追求真理、造福全人类福祉的文章,培养学生胸怀天下,以增进全人类福祉为己任,厚植学生的家国情怀,树立学生的文化自信。

具体实施方案:结合教学内容,采用语料库驱动的方式[7],提前补充相关文章,从中优先选出能够反映中华文化和民族自信的阅读材料等。中德对于同一话题的构建可以折射出不同的价值观和文化差异,这一点已经在笔者的多个研究中被证实[8]。因此,笔者认为,教师可以引导学生从中德对比视角出发,培养学生从不同视角解读相应话题的能力。在这一过程中,引导学生树立正确的价值观,深入对不同文化的理解,从而加强学生对自我文化的认同,树立文化自信。

(2) 知识探究。深挖阅读材料中出现的语言点,打好扎实的语言基本功。能够阅读题材涉及德语国家政治、经济、社会生活和文化,在知识性和文学性等方面有一定深度的文章,并了解不同的体裁。

具体实施方案:采用积极向上的内容进行语言操练。学生在阅读学习的过程中,自主表达文中的重要句式,复述文章大意,通过课前自主查找相关话题阅读文献并提出问题和解决问题,培养学习自主学习的能力和习惯。引导学生将自己所学用于指导现实生活,比如对于垃圾分类中德的不同处理方式等,可以引导学生在日常生活中注意垃圾分类的方式、方法。此外,在整体课程设计的过程中,融入不同体裁的文章,使得学生更好地了解不同体裁的语言风格,并更好地掌握语言知识。

(3) 能力建设。进一步加强跨文化沟通交流的理解力、语言表达能力、自主学习能力以及假设判断、分析归纳、推理验证等逻辑思维能力。学会阅读技巧,提高阅读速度。

具体实施方案:为了激发学生自主学习的意识、培养学生的探索精神,教师会布置学生课前文献查找和阅读的预习作业。比如,关于垃圾分类的话题,会请学生在课前就这一话题进行文献检索并阅读。为了鼓励学生积极查找,每次会将学生查找的优秀文献在全班进行分享,并组织共同学习和研讨。为了培养学生发现问题和解决问题的能力,课程采用学生提问、学生回答的模式和教师引导的模式进行。学生在规定时间内阅读完指定文章并提出问题,邀请班里其他同学回答,互相讨论。对于重点问题,如果学生没有提及,教师再做引导。学生在每节课都会提问并邀请其他同学回答,这提升了学生的沟通协作能力。

(4) 人格养成。学生要理解阅读材料中展现积极向上的品质并学习做一个崇礼明德、仁爱宽容的人。通过上述三个目标层次的达成,实现培养一个"崇礼明德,仁爱宽容的人"的目标。

以上目标的确立实现了将上海交通大学原有德语阅读课程教学大纲目标、上海交通大学"四位一体"办学理念和社会主义核心价值观三者相结合。

### 4.2　融入课程思政的教学内容选择:基于社会主义核心价值观的语料库方法

本课程的德语阅读语料是以社会主义核心价值观为基石,采用语料库驱动的方法选择出阅读材料的。此外,将部分核心语料进行了有声加工,以供同学们听读使用。通过这一方式获得的阅读材料既依托数据支撑,确保了所选话题的重要性;又符合社会主义核心价值观,从而保证了阅读材料的思政融入。

社会主义核心价值观是社会主义核心价值体系的内核,是社会主义核心价值体系的高度凝练和集中表达。党的十八大以来,中央高度重视培育和践行社会主义核心价值观。中共中央办公厅下发《关于培育和践行社会主义核心价值观的意见》(以下简称"《意见》")。《意见》指出,富强、民主、文明、和谐,自由、平等、公正、法治,爱国、敬业、诚信、友善是社会主义核心价值观的基本内容[9]。

习近平总书记在十九大报告中指出,"要培育和践行社会主义核心价值观"。大学德语阅读课程,要以培养担当民族复兴大任的时代新人为着眼点,强化教育引导,发挥社会主义核心价值观对大学生教育的引领作用,把社会主义核心价值观融入德语阅读课程教学的各方面,转化为学生们的情感认同和行为习惯[10]。不断完善中华优秀传统文化教育,引起学生的积极探索和反思,体现育人的理念,体现外语教学的人文性。

杨金才曾说过,"就外国语言文学类专业教学而言,我们面对的是国外的意识形态和西方主流话语,其文化价值观渗透在语言的背后"[11]。因此,作为教师,笔者认为需要有选择地拿来,以用作学生的阅读材料。而这个选择的标准,可以以社会主义核心价值观为基石。在社会主义核心价值观的基础上,笔者将核心价值观的关键词作为检索词,在 Sketch Engine、LexisNexis 和 BCC 语料库中输入,选取相关度高的高频阅读话题,并参考中央广播电视总台德语版(CRI)出版的文章,从而确定阅读材料的话题。

在社会主义核心价值观中倡导的"富强、民主、文明、和谐"是从国家层面对社会主义核心价值观基本理念的凝练;"自由、平等、公正、法治"是从社会层面对社会主义核心价值观基本理念的凝练;"爱国、敬业、诚信、友善"是从个人层面对社会主义核心价值观基本理念的凝练。通过语料库检索研究发现,在很多情况下,这些核心价值观的关键词在中文语境中常常是多个价值观关键词同时高频出现的,属于不同层面的核心价值观关键词可能会并列出现,而这种现象在德文语境中不存在。对比中德语料库发现,对同一个核心价值观关键词的理解不同,比如 Harmonie(和谐)在中文语境中主要体现在社会层面的和谐,但是在德文语境中主要体现在个人层面的和谐。因此,为了更加客观地反映核心价值观的应用场景和中德潜在的差异,本研究在具体收集阅读材料内容时,只对所选阅读材料能否反应价值观做出评估,不对价值观的各个层面做具体划分。

选入阅读材料的文章中,每个话题由关键核心文章和泛读文章组成。针对精选的核心文章,采用录音的方式,制作有声阅读音频材料。表1是笔者编制的适用于德语专业第5学期的德语阅读课程模块和相应思政教学点。

表 1　适用于德语专业第五学期德语阅读课程的内容安排

| 知识单元模块 | 传授内容描述 | 能力培养要点 | 课程思政的教学知识点 |
| --- | --- | --- | --- |
| 第一单元:<br>德国前总理默克尔和习近平总书记关于抗击疫情的演讲<br>(文本和音频) | 本单元主要选用德国前总理默克尔呼吁大家在圣诞节、复活节居家隔离的演讲"现在人人都要贡献力量"和习近平总书记关于抗疫发表的演讲,以及目前已经取得的抗疫成果。此外,通过语料库检索有关抗疫话题的拓展阅读并检索关于态度的表达词汇 | (1)了解政治演讲体裁和结构特点,以便快速阅读<br>(2)熟练运用呼吁类、建议类德语常用句型<br>(3)掌握同一体裁中德篇章的差异以及文化成因<br>(4)从话题内容层面掌握辩证思维方法、理解中德文化差异 | (1)从公民角度出发,抗疫人人有责,引导学生明白我们应该在日常生活中做好防疫措施<br>(2)从中德对比角度引导学生看到中国抗疫取得的成效,提升学生民族自豪感 |
| 第二单元:<br>中德文学作品点评(文本和音频) | 本单元选用德国图书奖得者和中国莫言获奖者以及同学们在课前查找的关于两位作家和他们作品的相关文章。文章内容既有对其作品的褒扬,也有批评 | (1)了解文学家演讲用词特点,感受与前一单元政治演讲的用词差异。了解文学评论这一体裁的特点<br>(2)熟练掌握德语的评价方式和论证方式<br>(3)从话题内容层面掌握辩证思维方法、理解中德文化差异 | (1)了解中德优秀文学作品体现出的追求自由平等的理念<br>(2)从对比中看到中国文化对文学的影响,树立文化自信<br>(3)德国的获奖作品也会有批评的声音,引导学生思辨。没有什么可以让全部人喜欢,即便是获奖的优秀作品,要有自己的判断和思辨 |
| 第三单元:<br>光盘行动和垃圾分类<br>(文本和音频) | 中德垃圾分类的新闻和报道以及同学们自己查阅的文章。同时,加入中国古代关于节约粮食的古诗,以及袁隆平院士为粮食增产付出努力的相关文章 | (1)通过语料库线索掌握关于光盘行动和垃圾分类的相关德语表达<br>(2)了解中德两国采取的不同垃圾分类举措和原因<br>(3)掌握辩证的剖析问题的思考方式<br>(4)掌握快速阅读报道类新闻的技巧 | (1)引导学生从平日的光盘行动做起,同时做好垃圾分类<br>(2)引导学生理解中德在垃圾分类的差异的深层文化原因。德国认为垃圾是私人财产,不能随便处理他人的垃圾。但是现在重新修订法律,让拾荒者拾垃圾合法化等,以减少环境压力 |

（续表）

| 知识单元模块 | 传授内容描述 | 能力培养要点 | 课程思政的教学知识点 |
| --- | --- | --- | --- |
| 第四单元：<br>婚姻与爱情<br>（文本和音频） | 中德婚姻习俗和文化渊源的文章，比如七夕节和情人节的由来 | （1）了解中德婚姻和爱情差异<br>（2）掌握快速阅读报道类新闻的技巧 | （1）引导学生理解自由、平等的价值理念<br>（2）理解中德婚姻中不同的风俗习惯和文化 |
| 第五单元：<br>键盘侠和网络暴力（文本和音频） | 中德关于网络暴力的新闻报道。讲述网络暴力对学生带来的危害。通过语料库检索关键词，掌握关于打击网络暴力的相关词汇表达 | （1）了解网络暴力带来的危害和应对措施<br>（2）掌握快速阅读报道类新闻的技巧<br>（3）掌握关于网络暴力、键盘侠的相关词汇和表达 | （1）引导学生树立守法意识<br>（2）在日常生活中不制造不传播网络谣言 |
| 第六单元：<br>新能源和资源节约（文本和音频） | 特里格玛公司成立100周年庆典讲话"尤其重要的是要对自己的行为负责"德国宝马公司总裁谈论发展新能源与企业社会责任的演讲阅读材料"我们离满足还远着呢"以及其他能源互联网的报告，比如德国联邦政府推出的E-Energy计划。中国关于新能源开发、碳达峰碳中和的论坛报告等，比如上海交通大学碳中和发展研究院成立时黄震院士关于新能源的报告作为补充材料 | （1）了解报告体裁的特点<br>（2）了解能源互联网的重要地位和中德能源互联的建设情况<br>（3）掌握快速阅读报道类新闻的技巧<br>（4）通过语料库检索掌握关于能源互联网、碳中和、碳达峰的相关词汇和表达 | （1）引导学生看到中国作为负责任大国对世界环保做出的努力，提升民族自豪感<br>（2）引导学生了解上海交大为国家和社会环保做出的努力，提升学生作为交大人的自豪感和责任感<br>（3）引导学生理解作为公民的社会责任，节约能源、在生活中为节能减排做出自己的努力 |
| 第七单元：<br>中德音乐人<br>（文本和音频） | 德国音乐人海伦妮·菲舍尔（Helene Fischer）等和中国音乐人的获奖致辞以及相关背景文章报道，比如Helene Fischer在疫情期间做什么等。中国音乐人的慈善行动等。同时配有音乐和视频作为补充材料 | （1）了解中德音乐的不同理念特点和相关音乐人风格<br>（2）掌握快速阅读报道类新闻的技巧<br>（3）掌握关于音乐主题的相关词汇和表达 | （1）德国音乐人将古典和现代风格融合，既有赞许的声音，也有批评的声音，引导同学学会批判性思维<br>（2）中国音乐文化和独特的古典音乐是中国文化瑰宝，应该引以为豪<br>（3）音乐人在音乐之外的慈善行动值得我们学习。引导学生学好专业知识的同时，关注社会民生和公益 |
| 第八单元：<br>我的偶像<br>（文本和音频） | 主要讲述人物传记《爱因斯坦传》。同时补充钱学森、李政道等的传记。通过已建的"中德阅读语料库"对偶像相关文章进行拓展阅读 | （1）掌握人物传记这一体裁的特点<br>（2）故事描写的方法与语言特点 | （1）引导学生学习爱因斯坦对科研的纯粹精神<br>（2）组织社会实践。邀请学生去上海交通大学李政道图书馆、钱学森图书馆参观学习，引发同学作为交大人的自豪感、使命感<br>（3）引导学生学习身边的偶像的精神品质 |

### 4.3　基于 BOPPPS 的课程思政教学设计：以德语阅读话题"垃圾分类与光盘行动"为例

笔者将 BOPPPS 教学法应用于大学德语教学实践，通过设计一系列教学任务和活动，实现学中用、用中学，润物细无声地融入思政元素。BOPPPS 教学的六大环节包括导言、确立学习目标、前测、参与式学习、后测和总结[12]。基于自建的德语有声阅读语料库，选择话题"垃圾分类与光盘行动"的阅读材料。

1）导言

在导言部分，可以根据需要导入含有思政元素的话题，呈现有关粮食浪费的惊人数据或者图片。将浪费粮食数量之大和九个人中就有一个人挨饿相对比，突出问题的严峻性，引起学生的注意力，激发学生的讨论和思考，同时引入本堂的课程话题"垃圾分类与光盘行动"。

2）确立学习目标

本课堂"垃圾分类与光盘行动"的学习目标包括三个层面，分别是价值层面、知识层面和能力层面。

在教学的价值层面目标中，明确将课程思政作为重要内容列出。在"垃圾分类与光盘行动"这一阅读话题中，要求学生分析阅读材料和评价垃圾分类和光盘行动的举措，引导学生树立正确垃圾分类的环保意识和节约粮食的意识。

在教学的知识层面目标中，可以要求学生学会运用修饰语、从句等具体语言知识点，并通过操练新学的语言知识点说出节约粮食的具体举措。不仅让学生学习到德语语言知识，还要培养学生做一个有品德的人。

在教学的能力层面目标中，可以充分发挥学生的主观能动性，让学生根据已经发布的关于中德垃圾分类和光盘行动的阅读资料进行分析和评估，从中德视角分析节约粮食的方式方法进行辩证分析[13]，能正确评价浪费粮食的行为。

3）前测

前测旨在了解学生自主学习、预习的情况，常通过开放性的讨论、随机提问学生回答问题等方式，从而掌握学生预习的程度。笔者通常会要求学生在课前针对每期话题通过语料库进行相关资料检索、提前阅读并给出推荐理由。每次会将学生查找的优秀阅读材料在全班进行分享，共同学习和研讨。激发学生自主学习的意识，培养学生的探索精神。

在"垃圾分类和光盘行动"的课堂中，笔者会鼓励同学们使用语料库，比如，在中文语料库 BCC 和德文语料库 DWDS、LexisNexis 中对相关话题的关键词"垃圾分类""光盘行动"进行检索。然后，通过提问关于相关话题前期检索结果的方式，检测学生们对本课话题"垃圾分类与光盘行动"的准备情况，引导同学们思考前期的检索结果是否和自己的预期有差异，中国视角和德国视角是否有所不同等。

4）参与式学习

根据教学目标和教学内容创设问题情境，教师围绕实践案例，引导学生理解和掌握阅读材料的知识要点,并通过创设情境启发、组织学生围绕知识点进行拓展练习,以强化学生将所学知识运用于实践的能力。结合探究式学习、同伴辅导、角色扮演、课堂辩论等活动形式,创新师生、生生之间的讨论模式,并引入答题"积分排行榜"等奖励机制,带动学生对于课程内容的参与度。

在课程"垃圾分类与光盘行动"中,笔者主要采用学生提问、学生回答、教师引导的模式进行,培养学生的合作能力和思辨能力。对于涉及思政的重点问题,如果学生没有提及,教师再做引导,比如在讨论"光盘行动"时,可以引导学生从当下开始去食堂吃饭互相督促,做到光盘行动,同时做好垃圾分类。在整个参与式学习过程中,教师由以往的讲练方式转换成教师引导为主,让学生分析中德垃圾分类的新闻报道以及同学们自己查阅的文章。在课程中同时加入中国古代关于节约粮食的古诗,以及袁隆平院士为粮食增产付出的努力的相关文章。在教授阅读技巧时,为加入有声阅读,让学生通过听读的方式,把握朗读者的语气、停顿,加深对文章的理解并强化德语运用能力。了解中德国家采取的不同垃圾分类举措和原因。引导学生理解中德在垃圾分类上的差异的深层文化原因。比如在分析德国垃圾分类举措时,有一条就是将"捡垃圾合法化",同学们于是提出疑问:捡垃圾合法化为什么是一项有助于环保的措施呢? 此时,我会引导同学通过语料库检索关键词"捡垃圾"和"合法",于是同学们发现,原来德国认为垃圾是私人财产,不能随便利用加工他人的垃圾。但是现在重新修订法律,让拾荒者拾垃圾合法化等,以减少环境压力。因为两国对私权、自由的不同理解,产生了文化差异,从而导致环保举措的差异。

此外,为了巩固练习学生的德语表达,在教学环节中加入角色扮演,让学生扮演角色学好句型,讲述出精神品质,树立垃圾分类意识和环保理念,培养学生的跨文化意识。

5)后测

以公平竞争的游戏方式进行知识点检测,培养学生的互助合作能力和公平意识。引导学生多视角解读阅读话题。在学习"光盘行动"话题时,将学生三人组成一组,选择两组进行对决,从老师已经提前准备好的箱子(箱内放有问题纸条)中抽题目,向对方组提问。其中也包括有声题目,比如请同学听一段阅读材料,快速根据已学的听读策略,说出听读材料的关键信息。或者听一个新学的垃圾分类主题词汇如"家庭垃圾"(Hausmüll),请对方组同学说出该词的含义以及"家庭垃圾"的具体处理方式等。老师准备的题目均以积极价值观为导向,与已学知识点相关。根据游戏规则,答对一题的小组可以得一分,得分最多的一组获胜。通过这个方法,培养学生的团队精神和合作意识,将垃圾分类的理念通过问答的方式向他人传播。

6)总结

回溯到本课程的学习目标,教师可以从两个方面进行总结反思。一方面,从学习内容方面进行总结,重点阐述中德在垃圾分类采取的不同措施,引导学生思考把所学的关于"光盘行动和垃圾分类"的知识运用在自身生活实践中,学会分类垃圾,在用餐时做到光盘。此外,同学们需要将自己对中德垃圾分类不同举措的思考做成视频,作为本次课程的作业。有些同学综合考虑了中德垃圾分类的措施,提出对过期不久或临近过期的食品设立一个中转站等措施,最大化地利用这些食品。有些同学拍摄了自己宿舍的垃圾分类情况,给出了正确示范。笔者将优秀的作业在班级公众号播放,以传播积极的价值观,影响更多人。

另一方面,教师可对同学的自主学习方法进行总结,比如通过语料库查找关于话题"垃圾分类、光盘行动"文章和关键概念的方法,通过词频和词与词的相关度确定哪些是重要内容;可以对学生课堂中的互动和辩证思考表现进行总结评价,引导学生探究性以及自主学习能力的培养。

### 4.4　融入课程思政的教学效果评价

教学效果评价不再仅仅关注学生的知识获得、单词量的增长,而是将思政融入效果即学生的情感目标达成情况作为教学效果的评价内容之一。笔者在本学期课程结束后,通过设置开放性问题调查的方式,了解思政融入效果的达成情况,方便对以后的教学方式进行调整。为了实现润物细无声地融入思政这一目的,笔者在整个学期教学中以及开放性问题调查中均没有提到"思政"这一表达,设计的开放性问题是:①德语阅读课程可以给你带来哪些思考? ②本期德语阅读课程给你带来哪些价值观方面的启发? 通过调查发现,大部分(约75%)同学认为从本课程中学到了中德思维差异,提升对本民族文化的自信心。有些同学写下了"有时候会思考自己和德国人的思维有什么不同""自主学习,坚定理想信念""主要是中国文化和德国文化的差异。本学期也通过名人演讲感受到了名人所担当的责任""传承中华文化精神,刻苦奋斗,自强不息"等。但是,也有约 25% 的同学认为"没想过这个问题" 或者"无"。总体而言,在思政融入方面,此教学设计在较大程度上取得了效果。

## 5　德语阅读课程思政教学的反思和展望

针对课程思政怎么做的问题,笔者从教学目标融入思政、教学内容融入思政、教学方法融入思政和教学评价融入思政四个方面进行了阐述。

在德语阅读课程教学目标的确立方面,笔者将上海交通大学原有的德语阅读课程大纲中提及的目标、上海交通大学"四位一体"的办学理念和国家提出的思政育人理念三者相结合,对原有教学大纲目标进行了有益补充。笔者认为,有机结合原有课程教学大纲的目标、学校办学理念和国家思政目标的这一思路在其他课程的教学中也具有可推广、可拓展性。

在德语阅读内容选择方面,本课程所运用的有声德语阅读语料库是依据社会主义核心价值观进行搭建的。该语料库综合考虑了阅读材料的思政元素和阅读话题的社会时效性。中德视角的内容选材用于培养学生多角度分析问题的思辨能力。语料的有声性为学生的阅读课程带来了不同于传统闷声读书的新元素,既有利于激发学生的阅读兴趣,又是阅读策略的一部分,使得阅读课程更具新颖性。笔者认为,在信息时代,在今后的阅读课程中,还可以加入更多可视化素材。

在具体课堂的教学过程中,BOPPPS 教学模型为课程思政润物细无声地融入提供了很好的方式。BOPPPS 教学模型打破了传统教学模式的思维定式,采用小组讨论、让学生回答问题或做演示、角色扮演、场景演绎、学生相互辩论、游戏等方式有效调动学生学习的积极性。这使得思政融入不是一件从教师单方面主观强加入课堂的元素,而是成为学生在互动学习的过程中,在教师的引导下,自主产生的价值诉求,是学生自己的价值观塑造的过程。从而教师真正做到了润物细无声地融入了思政元素。此外,笔者认为,在今后的教学方式上,还可以借助互联网,配合互联网平台增进师生互动,使资源呈现方式更加多元,克服传统学习的时空限制。比如进行每日阅读打卡等,让德语阅读成为学生的一种日常习惯,而不再仅仅是一门课程。

在阅读课程的评价方面,笔者通过设置开放性问题的调查方式,了解了同学们对于本学期课程的思政融入效果。但是如何就学生的情感目标达成情况进行量化分析,还有待进一步探讨。此外,笔者认为,思政融入以实现育人目标是一个长期的过程,作为教师,还需要持之以恒地探索和实践。

**参考文献**

[1] 黄国文,肖琼.外语课程思政建设六要素[J].中国外语,2021(2):10-16.

[2] 林建华.扎根中国大地办大学 形成高水平人才培养体系——学习贯彻习近平总书记在北京大学师生座谈会上的重要讲话精神[J].学校党建与思想教育,2018(21):80-81.

[3] 高宁,王喜忠.全面把握《高等学校课程思政建设指导纲要》的理论性、整体性和系统性[J].中国大学教学,2020(09):17-22.

[4] 习近平.习近平给《文史哲》编辑部全体编辑人员回信[J].文史春秋,2021(05):1.

[5] 杨枫.外语教育国家意识的文化政治学阐释[J].当代外语研究,2020(6):1-2.

[6] BLOOM B S, ENGELHART M D, FURST E J, et al. Taxonomy of educational objectives: The classification of educational goals. Handbook I: Cognitive domain [M]. New York: David McKay Company, 1956.

[7] SCHERER C. Korpuslinguistik [M]. Heidelberg: Winter Verlag, 2006.

[8] QIU K, HENN-MEMMESHEIMER B. Nachhaltigkeit auf websites deutscher und chinesischer banken-eine kulturvergleichende analyse [A]. In: C. Gansel & K. Luttermann (eds.). *Nachhaltigkeit-Konzept, Kommunikation, Textsorten* [C]. Berlin: LIT, 2020.

[9] 中共中央宣传部.中共中央办公厅印发《关于培育和践行社会主义核心价值观的意见》[J].党建,2014(01):9-12.

[10] 余福海,张晓芳.践行社会主义核心价值观 传承弘扬中华优秀传统文化——从习近平总书记在北京大学师生座谈会上的重要讲话谈起[J].思想教育研究,2014(12):77-79.

[11] 杨金才.外语教育"课程思政"之我见[J].外语教学理论与实践,2020(4):48-51.

[12] PATTISON P, RUSSELL D. Instruction skills workshop handbook for participants [M]. Vancouver: The Instruction Skills Workshop International Advisory Committee, 2006.

[13] 文秋芳.辩证研究法与二语教学研究[J].外语界,2017(4):2-11.

# Research on integration of ideological and political education into german-reading course based on audio corpus

Qiu Kuanyong

**Abstract**：This article discuss about the integration of ideological and political elements into teaching of German-reading course. The author uses the core socialist values as criteria to select reading materials, and expounds the design of the German-reading course under the ideological and political perspective from four dimensions including teaching objectives, teaching content, teaching methods and teaching evaluation. The innovation of this design lies in: using the audio-corpus-based method and core socialist values to select reading materials. The author clarifies the course design by giving an example of the reading topic "garbage-sorting measurements and empty-plate movement cultural confidence" with the integration of the ideological and political thought and BOPPPS teaching method, in order to improve students' independent learning ability and critical thinking, to enhance cultural confidence. The effect of reaching the emotional goal of teaching is evaluated through an open question survey. The result shows that this course design is effective for the emotional achievement of teaching objectives, and provides a new idea for the ideological and political construction of foreign language curriculum in universities.

**Key words**：corpus based；ideological and political education；German-reading course

# 新型举国体制下高校学生服务国家需求
# 人格培养目标、现状和路径研究

池芳春　杨　洪

**摘　要**：为了培养适应国家重大战略需求的大量高素质人才，需要培养高校学生服务新型举国体制的人格。新型举国体制是新时代满足国家重大战略需求的重要制度创新，高校学生需要进一步加深对新型举国体制发挥市场在资源配置中的决定性作用的创新性特征的理解，培养深厚感情，磨炼意志，养成良好行为习惯。高校在培养学生服务新型举国体制的人格方面下了很大功夫，但需要加大力度，继续培养学生服务新型举国体制的能力、气质、性格、需要、动机、兴趣、理想、价值观和体质等。利用比较研究方法，基于服务新型举国体制的人格培养目标，分析高校学生实际，寻找差距。基于因果分析方法，对问题进行归因，针对性提出培养服务新型举国体制人格的对策。研究表明，服务新型举国体制人格培养路径包括：加强研究，完善话语体系，做好宣传，以崇高人格感染学生；加强思想政治教育，在承担国家重大战略任务的高校全面试点人格培养；在涉及国家重大战略需求的学科，全面推广试点经验；强化学生的自我塑造，学习典型，树立信念，制订计划，接受历练，磨砺坚强意志；客观遴选，科学测试，提高培养效果。

**关键词**：高校学生；服务新型举国体制人格；国家需求；路径；培养

## 1　引言

服务国家需求是新时代高校学生的基本素养。新型举国体制是百年未有之大变局下确保产业链升级、防范供应链断链风险、构建以国内大循环为主体、国内国际双循环相互促进的新发展格局的重要体制保障。新型举国体制对高校学生服务国家需求意识培养提出迫切要求，要求高校学生具有服务国家重大战略需求的强烈愿望、过硬本领、坚定意志和实际行

**作者简介**：池芳春，女，副教授，硕士，主要研究方向为思想政治教育，邮箱：chifangchun2006@126.com；
　　　　　杨洪，男，教授，硕士，博士生导师，主要研究方向为马克思主义中国化，邮箱：xdskxyh@
　　　　　163.com。
**基金项目**：国家社科基金高校思政课研究专项"新时代思政课培养学生服务国家需求意识研究"（项目编
　　　　　号：21VSZ043）。

动,以于敏、屠呦呦、袁隆平、黄旭华、孙家栋等[1]为国家重大战略做出突出贡献的功勋人物的崇高人格为榜样,养成服务新型举国体制的人格。

# 2 新型举国体制下服务国家需求人格的内涵

## 2.1 新型举国体制的内涵、功用与必要性

新型举国体制是在新发展格局下坚持系统观念的制度安排[2],以强大的组织和顶层设计能力为核心[3],自上而下的协调控制与自下而上的智慧涌现双向互动[4],有为政府和有效市场更好结合[5],将集中力量办大事的优势同市场经济的活力有机结合,形成全国一盘棋的合力优势,创造资源配置的新形式[6],兼具资源积聚效应与资源配置效率,有助于攻克实现第二个百年奋斗目标过程中遇到的国家重大战略难题。

举国体制可以完成单个组织无法完成的重大战略任务。实施新型举国体制是大国博弈背景下,中国突破卡脖子技术的必由之路。中美欧在举国体制发挥政府作用和要素协同方面有相似之处[7],中国利用举国体制完成两弹一星、北斗、高铁等国家重大战略项目,美国曼哈顿计划和阿波罗计划、欧洲伽利略计划都采用了举国体制[8]。在百年未有之大变局下,高科技产品供应链出现断链风险,基于中国产业发展基础和条件,要在尽可能短的时间内实现突破,不可能依靠某一个企业或某一些企业,需要全国一盘棋,基于整个产业链进行长远布局和协调谋划,在顶层设计层面运筹帷幄、全面规划、整体布局,擘画协调产业链、创新链与供应链的整体国家战略,实现整个产业链的自主创新与升级换代。高水平科技自立自强要通过新型举国体制科学稳妥有序推进[9]。集成型技术适用政府强力干预的新型举国体制模式[10],新型举国体制下的重大科技工程是突破"卡脖子"技术的重要机制[11]。新型举国体制能够有效促进"无人区"科技顶层设计[12],形塑使命导向的创新型知识生产[13]。

实现第二个百年奋斗目标,要在科学技术[14]、经济、社会、生态、文化、政治、军事等不同领域攻克国家重大战略难题,必须创造性地实施新型举国体制。

## 2.2 新型举国体制下服务国家需求人格的内涵

人格是具有倾向性的、本质的、稳定的心理特征的总和[15]。于敏、屠呦呦、袁隆平、黄旭华、孙家栋等为国家重大战略做出突出贡献的杰出人才,无不具有高尚的人格,他们的人格感染了新时代的广大高校学生。培养新时代高校学生服务国家重大战略需求的高尚人格,助力新型举国体制,对实现中华民族伟大复兴的中国梦具有重要意义。

新型举国体制下服务国家需求人格是服务新型举国体制和国家重大战略需求的能力、气质、性格、需要、动机、兴趣、理想、价值观和体质等的总和,简称服务新型举国体制人格。拥有服务新型举国体制人格的高校学生,能够深刻理解和高度认同国家重大战略需求,以服

务国家重大战略需求为理想,愿意为服务国家重大战略需求奉献终生,具备坚强意志,掌握过硬本领,能够将服务国家重大战略需求的意识付诸行动;他们往往勇于担当,挑战极限,淡泊名利,持之以恒,在艰苦卓绝的条件下克服一切困难,做出突出成就。

## 3　新型举国体制下服务国家需求人格培养的目标与现状

### 3.1　新型举国体制下服务国家需求人格培养的意义

新型举国体制需要大量德才兼备的高质量人才,人才培养的重要任务是培养服务国家战略需求的能力、需要、动机、兴趣、理想、价值观等,即大力培养服务新型举国体制的人格。第一,培养服务新型举国体制人格可以保障国家重大战略任务对高素质人才的需求。新型举国体制需要规模较大的不同专业领域、不同规格和不同类型的高素质人才。具有服务新型举国体制人格的人才往往能够积极支持并献身于国家战略需求。第二,培养服务新型举国体制人格可以确保高素质人才优先、稳定服务国家重大战略需求。基于人格的稳定性和社会性,高校学生养成服务新型举国体制人格,能够优先选择从事国家最需要的工作,持之以恒地服务国家战略需求,确保人尽其才、才尽其用,在新型举国体制下做出突出贡献。

### 3.2　新型举国体制下服务国家需求人格培养的目标

培养一支数量有保证、质量优秀、人格稳定、符合新型举国体制要求的人才队伍,是新型举国体制下高校人才培养的重要任务。服务新型举国体制人格培养目标是:服务新型举国体制和国家重大战略需求的能力出众,以服务国家重大战略需求作为需要,对参与国家重大战略项目怀有强烈动机,对服务国家重大战略需求具有浓厚兴趣,以报效祖国、实现中华民族伟大复兴的中国梦作为人生理想,具有正确的价值观,体质符合承担国家重大战略任务的需要。

### 3.3　新型举国体制下服务国家需求人格培养的现状

目前培养服务新型举国体制人格工作取得重要进展,承担国家重大战略任务的高校表现尤为突出。第一,高校学生对新型举国体制下服务国家需求的知识有所了解。特别是在承担国家重大战略任务的高校,学生经受过专业教育,对国家重大战略需求比较了解,对举国体制的基本情况也有所掌握。第二,高校学生服务新型举国体制的情感得到培养。特别是在承担国家重大战略任务的高校,学生经过专业课学习和实训实习,在老师的影响下,逐步对国家重大战略任务产生强烈的使命感与炽热的感情,决心为新型举国体制服务,为国家重大战略任务奉献青春。第三,高校学生服务新型举国体制的意志得到锤炼。特别是在承担国家重大战略任务的高校,学生在长期实践过程中,克服困难,经受历练,坚定信念,强化意志,为毕业后献身国家重大战略任务奠定基础。第四,高校学生服务新型举国体制的行为得到培养。特别是在承担国家重大战略任务的高校,本科生、硕士与博士通过参与国家重大战略任务,养成严谨求实、吃苦耐劳、扎实肯干、锐意创新、挑战自我、挑战极限的良好行为习惯。

## 4　新型举国体制下服务国家需求人格培养的差距及其归因

通过长期对不同类型高校学生的思想情况调查,包括对个别学生的深度访谈,发现新型举国体制下服务国家需求人格培养取得重要进展。但是,目前正处于百年未有之大变局下,中国面临各个方面的重大挑战,国家重大战略任务对服务国家需求人格培养的要求比以往任何时候都要紧迫。与新型举国体制对服务国家需求人格培养的较高要求相比,新型举国体制下服务国家需求人格培养存在一定差距。

### 4.1　新型举国体制下服务国家需求人格培养存在的差距

第一,部分学生对服务新型举国体制的知识掌握不足。部分学生对新型举国体制了解不透彻,甚至将举国体制等同于计划体制。部分学生对举国体制的了解局限于举国体育,部分学生不能透彻把握新型举国体制对传统举国体制的创新性发展,特别是对新型举国体制发挥市场在资源配置中的决定性作用的创新性特征理解不够深入。第二,在新型举国体制下高校学生要进一步加深服务国家需求的感情。感情建立在全面、正确认知的基础上。虽然高校学生普遍对服务国家需求具有深厚感情,但部分学生因为对新型举国体制了解不深,需要进一步深化对服务新型举国体制的感情。第三,高校学生要进一步强化新型举国体制下服务国家需求的意志。意志建立在全面正确的认知和深厚的感情的基础之上。部分学生因为对新型举国体制了解不够深入,感情不浓,需要进一步深入学习于敏等参与国家重大战略任务的功勋科学家的坚定信念与钢铁意志,强化服务新型举国体制的意志。第四,高校学生要进一步养成服务新型举国体制的良好行为习惯。良好的行为习惯需要用意志去守护,用感情和理解去培养。新型举国体制对高校学生的行为习惯有很高要求,需要以于敏为榜样,严守机密、忍辱负重、长期隐姓埋名,甚至付出常人难以想象的代价[16]。高校学生有必要在深入理解、热爱、服务新型举国体制的基础上,养成适应国家重大战略需求的良好行为习惯。

### 4.2　新型举国体制下服务国家需求人格培养的差距归因

服务新型举国体制人格培养存在差距的原因较多。第一,对新型举国体制发挥市场在资源配置中的决定性作用的创新性特征,研究不深,宣传不够。学术界要适应国家重大战略需要,系统分析并有效区分新型举国体制与传统举国体制的区别,阐明新型举国体制对市场经济体制的兼容机理,从学理层面确立新型举国体制的战略地位。必须改变已有研究成果走不出期刊与专著、局限于较小范围的局面,使全社会了解最新研究成果,消除高校学生对新型举国体制的误解,让高校学生全面深入领会新型举国体制的重要战略价值。第二,服务新型举国体制人格培养的推广范围有待进一步拓展。新型举国体制需要各个领域、各类人才、各个高校的合力支持,思想政治教育是重要培养渠道,于敏等功勋科学家的崇高人格是感染学生的典范,重大项目是磨砺学生坚强意志的良好条件。目前,承担国家重大战略任务的高校重视服务新型举国体制人格培养并取得突出成效,其他高校要积极借鉴并全面推广服务新型举国体制人格培养经验。第三,对服务新型举国体制人格的自我培养重视不够。人格归根结底是内生的,外来培养固然重要,但最终还是要落实到主体的接受和强化,主体的信念、计划、内在动力、积极性等,对服务新型举国体制人格培养至关重要。高校要有意识地为学生人格的自我培养提供良好条件。第四,学校培养效果评价力度有待加强。科学测试、客观遴选是培养服务新型举国体制人格的基础。高校有必要在评价环节加强工作力度,提升人格培养的科学性、可行性和有效性。

## 5　新型举国体制下服务国家需求人格培养的路径

"理论研究—教育培养—效果评价"是服务新型举国体制人格培养的三个重要环节,也是服务新型举国体制人格培养的路径。教育培养环节包括社会、学校和自我教育等不同方式,学校教育包括在重点高校试点和向所有高校全面推广两个阶段。基于上述逻辑,培养服务新型举国体制人格的路径包括:从理论研究入手,消除误解;加大宣传力度,形成共识;发挥典型示范作用,发挥社会教育功能;在重点高校试点;向所有高校全面推广;加强自我教育;做好效果测试。

### 5.1　加强研究宣传

第一,加强调查研究力度,明确培养目标,完善耦合机制,构建话语体系,制定培养规划。一是加大调查力度,明确服务新型举国体制人格培养目标,应对国家重大战略需求对服务新型举国体制人才培养的紧迫要求。二是加大创新力度,完善有利于人才发展的新型举国体制。汲取传统举国体制的经验教训,妥善处理计划配置资源方式和市场配置资源方式的关系,完善新型举国体制与市场经济体制的耦合机制及其运行机制,凸显"新型"等核心概念的内涵,使新型举国体制充分适应新时代高素质人才的可持续发展要求。三是完善培养服务新型举国体制人格的话语体系,从理论层面充分消除对新型举国体制的误解。四是制定服务新型举国体制人格培养规划,明确人格培养内容、师资、步骤、方法和预期效果。

第二,加强宣传力度,形成共识,发挥典型示范作用。一是提升理论研究成果的知晓率,使上述关于新型举国体制的最新研究成果广为人知,从实践层面充分消除误解。二是加大方针政策贯彻学习力度,将支持新型举国体制的顶层设计传达到整个社会,实现人人了解、理解、认同、支持和热情参与新型举国体制的目标。三是加大对参与国家重大项目的功勋科学家人格的宣传力度。于敏、屠呦呦、袁隆平、黄旭华、孙家栋等在举国体制下服务国家重大战略需求并做出突出贡献的功勋人物的人格内涵十分丰富,蕴含着取之不尽的教育思想资源。大力宣传各个时代、各个专业领域、各项国家重大战略项目中服务举国体制的杰出代表,进一步发掘功勋人物的人格内涵,以学生喜闻乐见的信息载体,全方位、立体性、有深度、广覆盖地推介他们的人格魅力,使新时代高校学生感同身受,身心愉悦地理解、认同、倾慕他们的高尚灵魂和独特人格,激发学生自觉、自愿锤炼服务新型举国体制的人格。

## 5.2　重点高校试点

在承担国家重大战略任务的高校试点全面培养服务新型举国体制人格,为全国高校积累经验。充分利用并耦合高校人格培养资源,加大培养力度。培养人格是一个综合性工程,涉及全部心理要素的塑造。在这些心理要素中,以思想政治教育为主要抓手,耦合心理教育、课程思政、专业教育、体育教育等资源,形成合力。制订统一完善的教学计划与教学大纲,系统设置相关课程或讲座,通过可持续的培训教育,科学塑造服务新型举国体制的人格。第一,思想政治课程负总责,把握人格培养方向,培养学生服务新型举国体制的理想和价值观。思政课程开设专题,邀请服务国家重大战略需求并取得突出贡献的杰出校友回校讲座,以这些先进人物作为范例,以崇高人格感染人,激励学生服务新型举国体制。结合本校服务新型举国体制实际和毕业生服务国家重大战略需求的实践,宣传本校校友的典型事例,通过情感熏染和互帮互带,使在校生深刻感受功勋学长的崇高人格,培养学生服务新型举国体制的人格。第二,发挥心理教育课程的专业支持作用,重点培养学生服务新型举国体制的气质、性格、需要、动机等,从专业角度全方位支持服务新型举国体制人格培养计划。第三,课程思政培养学生服务新型举国体制的兴趣。在课程思政教学过程中,向学生讲授本专业领域功勋科学家在克服"卡脖子"技术瓶颈、获得独立知识产权过程中独辟蹊径的创造性贡献,激发学生紧盯国家战略需要,提升自主创新能力。第四,专业课培养学生服务新型举国体制的能力。通过专业知识传授,基于专业需要和未来参与国家重大战略项目的要求,引导学生养成胸怀大局、宏阔高远的视野,冷静思考、淡定从容的气质,善于合作、相互帮助的性格。第五,体育课培养学生服务新型举国体制的体质。体育课要结合国家重大战略需求,重点培养学生的保健方法,养成持之以恒的保健习惯。

## 5.3　全面推广经验

以涉及国家重大战略需求学科的高校为重点,在全国高校全面推广服务国家需求人格培养经验。开设涉及国家重大战略需求学科的高校,虽然没有承担国家重大战略任务,但是部分专业可以为新型举国体制培养后备人才。一是聚焦服务国家重大战略需求的专业,培养学生服务新型举国体制人格。建议聚焦特定专业,从人格培养方案、培养计划、师资保证、培养模式等方面入手,加大培养机制创新。二是借鉴承担国家重大战略任务高校的培养经验。在符合自身实际的基础上,通过校际合作、观摩实习、联合培养、师资共享等方式,与承担国家重大战略任务的高校共同培养服务新型举国体制的人格。三是集中优势教学资源,体现服务国家重大战略需求的学科特色。服务新型举国体制人格培养过程中,凸显不同专业的独特要求,确保人格培养效果符合专业需要。四是聚焦特定专业学生的综合素质培养,营造崇尚服务新型举国体制人格的氛围。

## 5.4　强化自我塑造

在人格培养过程中,外来培训只有建立在自我教育的基础上,才能最终发挥应有作用。自我塑造是人格形成的基础,对培养服务新型举国体制的人格具有核心作用。一是树立坚定信念,矢志不渝服务新型举国体制。高校学生通过相关课程或讲座,搜集新型举国体制和国家重大战略需求信息,明确自己为服务国家重大战略需求承担的使命,树立百年未有之大变局下解决中国发展面临重大战略问题的紧迫感,下定决心,积极回应时代需求,为服务国家重大战略需求奉献青春年华,在国家最需要的岗位做出一番事业。二是科学制订计划,严格执行。人格养成是长期过程,高校学生要结合自身实际,以服务新型举国体制的模范为偶像,寻找差距,培养服务新型举国体制的兴趣,养成正确的价值观,树立理想,确立目标,以国家重大战略任务需要作为自己的人生需要,熏陶气质,涵养性格,增强能力,激发动机,增强体质,锻造服务新型举国体制的人格。三是主动接受历练,磨砺坚强意志。尽可能为学生积极参与国家重大战略项目、创新性科研项目、专业领域实际工作等提供机会和条件,激发学生在实际工作中挑战自我、挑战极限,完成人格淬炼,养成勇毅、坚定、务实、可靠、吃苦耐劳、耐挫折、耐打击、锲而不舍、坚忍不拔的心理品质。

## 5.5　做好效果测试

测试评价环节对高校学生养成服务国家需求人格具有重要作用。建议选取为国家重大战略做出贡献的不同类型的群体作为样本,通过测试典型人格,制定指标体系,设计服务国家需求人格量表。在培养过程中,使用人格量表对培养效果进行测试,总结经验教训,改进培养方法,采取针对性措施,提高培养效果。培养服务新型举国体制人格的成效要体现在行为上。人格是行为的心理基础,行为是人格的反映。服务新型举国体制的人格培养效果,需要得到行为的检验与强化。利用学生服务国家重大战略任务的机会,检验学生的行为,测试人格培养效果。通过测试,加强遴选,重点培养。人格是社会实践与遗传基因共同决定的。遗传基因决定了人格的倾向性、本质性与稳定性,人格中被遗传基因决定的部分对培养服务新型举国体制人格具有基础作用。设置遴选标准,科学遴选,对优秀学生加以重点培养。

# 6　全篇总结

　　养成服务新型举国体制的人格是培养服务国家重大战略需求的人才的基础。新型举国体制是举国体制与市场经济体制融合的一种体制,将资源积聚效应与资源配置效率有机结合。服务新型举国体制的人格体现在具有服务国家重大战略需求的能力、气质、性格、需要、动机、兴趣、理想、价值观和体质等,拥有这种人格者能够勇于担当、挑战极限、淡泊名利、持之以恒,在艰苦卓绝的条件下克服一切困难,做出突出成就。在新型举国体制下服务国家需求人格培养的路径包括:一是加强研究,完善话语体系,做好宣传,以崇高人格感染学生;二是加强思想政治教育,在承担国家重大战略任务的高校全面试点人格培养;三是借鉴试点经验,在涉及国家重大战略需求的学科全面推广服务国家需求人格培养;四是树立信念,制订计划,接受历练,强化自我塑造,磨砺坚强意志。五是加强遴选,重点培养,科学测试,检验培养效果。

**参考文献**

[1] 王彦.《功勋》:致敬这个时代最闪亮的星[N].文汇报,2021 - 09 - 24(1).

[2] 韩啸.钱学森系统论思想下新型举国体制的内涵与构建[J].中国软科学,2022(6):21 - 30.

[3] 黄德春,袁启刚.新型举国体制下我国集成电路产业创新发展新模式研究[J].江苏社会科学,2022 (3):156 - 165.

[4] 肖人彬,侯俊东.新型举国体制的运行机理—综合集成大成智慧的视角[J/OL].系统科学学报:1 - 8 (2022 - 08 - 24)[2023 - 02 - 16].http://kns. cnki. net/kcms/detail/14. 1333. N. 20220823. 1724. 012. html.

[5] 邬欣欣,沈尤佳.关键核心技术攻关新型举国体制的方略[J].山东社会科学,2022(5):22 - 33.

[6] 杨承训,徐子健.新型举国体制:资源配置机制和理论创新[J].经济纵横,2022(8):1 - 7.

[7] 周文康,费艳颖.美国科技安全创新政策的新动向—兼论中国科技自立自强战略的新机遇[J/OL].科学学研究:1 - 18(2022 - 05 - 17)[2023 - 02 - 16]. https://doi. org/10. 16192/j. cnki. 1003-2053. 20220516. 005.

[8] 闫瑞峰.科技创新新型举国体制:理论、经验与实践[J].经济学家,2022(6):68 - 77.

[9] 温军,张森.科技自立自强:逻辑缘起、内涵解构与实现进路[J].上海经济研究,2022(08):5 - 14.

[10] 葛爽,柳卸林.我国关键核心技术组织方式与研发模式分析—基于创新生态系统的思考[J].科学学研究,2022,40(11):2093 - 2101.

[11] 宋立丰,区钰贤,王静,等.基于重大科技工程的"卡脖子"技术突破机制研究[J].科学学研究,2022,40 (11):1991 - 2000.

[12] 彭绪庶.高水平科技自立自强的发展逻辑、现实困境和政策路径[J].经济纵横,2022(7):50 - 59.

[13] 张成岗,王宇航.后常规科学视域下的新型举国体制与科技治理现代化[J].云南社会科学,2022(4): 28 - 36.

[14] 曹原,田中修,肖瑜,等.新中国成立以来科技体制演变的历程与启示[J].中国科技论坛,2022(6): 1 - 10.

[15] 时蓉华.社会心理学词典[M].成都:四川人民出版社,1988.

[16] 朱亚宗.淡泊谦和的科学巨星——纪念"中国氢弹之父"于敏[J].高等教育研究学报,2020,43(3): 46 - 55＋118.

# Research on the goal, status quo and path of personality cultivation of college students serving the national needs under the new national system

## Chi Fangchun, Yang Hong

**Abstract:** In order to cultivate a large number of high-quality talents to meet the major strategic needs of the country, it is necessary to cultivate the personality of college students to serve the new national system. The new national system is an important institutional innovation to meet the major strategic needs of the country in the new era. College students need to further deepen their understanding of the innovative characteristics of the new national system, which plays a decisive role in resource allocation, cultivate deep feelings, temper will, and cultivate good habits. Colleges and universities have made great efforts to cultivate students' personality in serving the new national system, but they need to strengthen efforts to continue to cultivate students' ability, temperament, character, needs, motives, interests, ideals, values and physique in serving the new national system. Using comparative research methods, based on the personality training goal of serving the new national system, analyze the reality of college students and find the gap. Based on the method of causal analysis, the problem is attributed, and the countermeasures to cultivate the personality of serving the new national system are put forward. The research shows that the path of personality cultivation for serving the new national system includes: strengthening research, improving the discourse system, doing well in publicity, and infecting students with noble personality; Strengthen ideological and political education, and conduct comprehensive pilot personality training in colleges and universities undertaking major national strategic tasks; Promote pilot experience in all disciplines involving major national strategic needs; Strengthen students' self-improvement, learn from models, establish beliefs, make plans, accept experience, and sharpen their strong will; Objective selection, scientific testing, improve the training effect.

**Key words:** College students; Serving the personality of the new national system; National demand; route; culture

# 私域教学的趋势、挑战与体系构建

张录法　朱清亮

**摘　要**：私域教学是建立在近年来不断发展的信息技术、人工智能和媒介创新领域技术变革基础上的一种以人为本的数智化学习社区。它是围绕以人为中心的私域、人工智能和 IP 概念的集合体。当前,私域教学正呈现出教学内容 IP 化及学习个性化、教师教学能力数智化,以及教与学互动的超时空化及关系颠覆化的发展趋势。也还面临私域教学缺乏顶层设计、教师私域教学素养缺失、私域教学环境有待改善的主要挑战。为此,私域教学体系构建可围绕以学生学习体验为中心深度融合平台构建、完善私域教学顶层设计、完善私域教学环境、促进教师私域教学素养提高等四个方面展开。

**关键词**：私域；私域教学；IP

## 1　引言

私域是相对于公域的词,虽然学界对私域的概念表述不尽相同,但基本认知是一致的。比较科学的定义:所谓私域,是相对于公域的专门指代,意为基于强信任关系而建立起来的封闭性数智化生活社区。私域主要具备以下六点特征:第一,基于信任而建立;第二,封闭性数智化社区;第三,可以自主控制;第四,免费;第五,重复使用;第六,直接触达用户。[1] 2020 年,首个微信小程序商品交易总额(gross merchandise volume, GMV)破百亿的零售企业诞生,超 10 亿的企业有近 20 家,过亿的企业有 80 余家。这让 2020 年成为公认的"私域元年"。

私域教学就是运用私域对传统教学方式的升级迭代,且以学生学习体验为中心的全新教学方式。私域教学可以简单定义为一种以人为本的数智化学习社区,主要通过微信、微信群、公众号、朋友圈、视频号、H5 页面、App 和小程序等私域运营工具结合人工智能,虚拟现

**作者简介**：张录法,男,上海交通大学国际与公共事务学院教授,博士,卫生政策及社会保障,邮箱:zhanglf@sjtu. edu. cn;朱清亮,男,上海交通大学健康长三角研究院 院长项目助理、行业研究员,主要研究方向为数字经济、健康传播数智化、智慧养老和元宇宙。

实和 Web3.0 等技术来实现教学目的。私域教学可以广泛用于党政教育、学校教育、健康教育和职业教育等领域。

私域教学具备私域的六大鲜明特征:第一、强信任;第二,封闭性;第三,可自主控制;第四,免费;第五,重复学习;第六,直接触达。基于此六大特征完全颠覆了传统教学那种"满堂灌"的教学方式,让教育、教学真正实现"寓教于乐、寓学于乐"。老师不在线时,学生还可以在私域社群中向同学请教,实现"三人行,必有我师"的学习氛围。真正形成一种内驱性强、先学带动后学、互帮互助的学习氛围。而教师只需日常查看一下私域教学系统后台,查看一下学生学习进度和学习数据,就知道每个学生的学习状况了,并根据个性化数据提供个性化指导,借助大数据分析实现因材施教。

私域教学系统还可以根据学校领导层级,开放不同的管理权限供领导时时查看动态教学数据,让政府、学校和家长可以根据具体客观数据做针对性的教育教学评价和评估。并根据客观数据做出有针对性的教育改革政策。真正实现教学的人性化、数字化、智能化和社区化的目标。且通过私域教学解决了千百年来"满堂灌""一刀切"和"一视同仁"的教学现状,真正实现先贤孔子倡导的"因材施教"。让学生真正体会到冯友兰提到的"教育是使人作为人而成其为人,而不是成为某种人,是成其为真正意义上的完全的人的人化的过程"。而教师在这个过程中也会体会到育人为乐的自豪感和成就感。

可见私域教学正在借助科学技术变革,逐渐实现教育让人"作为人,成为人"的育人使命。因此,私域教学不仅会成为一种世界性潮流,更是一种大趋势。但是,作为一个新生事物,如何发挥私域教学难以替代的价值与作用,则是教育界当下面临的一项亟须解决的课题。本文则试图在私域教学发展趋势、面临的挑战归纳总结的基础上提出私域教学路径构建设想。

## 2 私域教学的发展趋势

### 2.1 教学内容 IP 化及学习个性化

首先,内容 IP 化让知识传播不再仅限于课堂和校园之内。例如中国政法大学刑事司法学院教授、刑法学研究所所长罗翔,通过私域教学工具如微信、公众号、视频号、抖音等平台传播自己的专业知识和独立思考心得,让更多人通过刷视频来了解法治的细节,普法教育意义很大。再例如中国三农问题专家、中国人民大学教授温铁军抖音认证账号有 350 多万名粉丝,通过抖音这样的平台媒体,传播他对于三农及国内外经济问题探讨,激发了当下很多年轻人实事求是的求知之路。可见私域教学中的教学内容 IP 化是当下私域教学的一大风景。

其次,个性化的学习内容和适合本人的学习方式,已成为当下私域教学的常态。在具体的私域教学的实践中,教师运用微信、视频号、公众号、小程序、App、官网等方式收集师生的反馈数据来实现对学生学习的智能测评;运用大数据分析,基于学习者的学习轨迹构建老师和学生的用户画像,系统可以智能化的为学生推荐学习资源,以个人在私域中的学习行为痕迹为依据,推荐个性化的学习内容和适合本人的学习方式。尤其是随着各种新兴智能技术的发展,例如虚拟现实(AR、VR、XR)、云原生、区块链、Web3.0 和元宇宙等技术或概念的完善,沉浸式的私域教学环境越来越得到良好的技术支持,私域教学对教学环境的沉浸、交互、自主性、智能化的需求也逐渐得到充分的满足。

## 2.2　教师教学能力数智化

在私域教学时代,由于信息和知识的巨量性、易获取性、共享性使得教师的权威日益弱化,但与之同时,对教师数据的处理能力需求达到了一个前所未有的高度。私域教学的出现突破了传统室内教学的模式,以私域在线社群、视频号、公众号、小程序、H5 页面、App 和抖音等学习平台为依托,与 AI 机器人助理教师形成互补。教师正在由知识的权威者转变为巨量知识的“中转站”与引导者。教师既要懂得运用私域教学工具进行教学,还要学会对一系列知识进行筛选,将有用知识传递、传授给学生。与之对应的,则要求教师除了要具备知识素养、人文素养外,还要具备数据分析及数据管理技能。尤其是面对私域工具使用的当下,教师不仅要成为与学生实现知识互动、情感互动、理想探讨者,同时,还要成为私域智能技术的优先使用者,要具备对私域教学 AI 机器人进行熟练的操作,对巨量的教育资源进行有效梳理的能力。

## 2.3　教与学互动的超时空化及关系颠覆化

在技术变革不断被突破的私域时代,公域与私域、线上与线下、教室内与教室外、校内与校外的教学时空正在被打破,尤其是伴随着智能手机及智能穿戴设备的普及,再有人工智能技术和 Web3.0 的融入,教师的教研和学生学习的生态关系正在被迅速改变甚至颠覆,教研与学习可以在智能手机或智能终端上完成,形成了“随时能教研、随处能学习”的状态。同时,人工智能技术、Web3.0 和元宇宙的出现也使得私域教学的学习环境更加真实化,学习内容更加多样化。学习方式也由师生面对面互动走向自主化学习、兴趣化学习和沉浸式学习等趋势。

私域教学还可以为教师打造一系列知识类 IP,让课堂内外、学校内外的学生都可以通过智能手机或智能终端里的微信群、公众号、视频号、小程序、H5 页面、App、官网或虚拟人像IP 等辅助老师和学生完成超越时间和空间的互动教学。学习效率高的学生还可以借助私域教学迅速缩短学习时间,提前拿到毕业证,进入下一阶段学习,大大节省了教师教学时间和学生学习时间。提前毕业的学生可以通过私域教学系统将自己的学习经验制作成私域课件,在私域教学平台进行分享。

# 3 私域教学面临的挑战

## 3.1 私域教学缺乏顶层设计

私域教学顶层设计主要分为外部设计和内部设计。外部设计主要包含政府政策、教育资源、科技创新、资本投入和人才资源。内部设计主要包含财务结构、组织架构、技术架构和文化氛围。目前私域教学在外部设计方面相对而言优于内部设计。比如现在私域在商业中的应用已经如火如荼,各大品牌和企业公司都已经把品牌私域运营作为"一把手"工程来紧抓落实了。但私域在党政教育、学校教育、健康教育和职业教育等方面还有待完善,究其原因就是当前学校还没有把私域教学提高到一个战略顶层设计的高度。拿高校招生为例,复旦大学王德峰教授在网络上收获几百万粉丝以后,他不但让观众对哲学思考感兴趣,还让观众对复旦大学这所高校感兴趣。王德峰现象的出现不仅仅是个人 IP 塑造那么简单,更为重要的是他通过内容输出收获粉丝的同时,复旦大学哲学学科的知名度瞬间也因王德峰而提高。同理中国人民大学温铁军教授在抖音收获 300 多万名粉丝的同时,也让观众对中国人民大学的"三农研究"刮目相看。当下教授课程内容"IP 化"和"数智化",正应了清华大学校长梅贻琦那句话:"所谓大学者,非谓有大楼之谓也,有大师之谓也。"大学教授课程内容 IP 化的运营过程其实也是高校做品牌价值输出的过程,它无形中为高校招生做了块金字招牌。私域教学顶层设计的目的就是让更多的大师可以通过私域教学,让教学突破时空限制。最终实现人尽其才,物尽其用。

## 3.2 教师私域教学素养缺失

在私域教学融合的过程中,教师私域教学素养不高是当前的突出问题,主要表现为教师们根据学生需求选用私域教学工具"难",私域技术工具使用的熟悉度"低",利用私域教学内容解决课堂管理以及与学生的互动反馈"弱"。由此导致部分教师在私域工具的运用与教学的融合上仅仅是简单甚至是机械式的套用和重复。造成以上问题的主要原因有两方面。一方面,当下教师对私域教学素养缺乏足够的重视。从建设历程来看,很多私域教学平台处于尝试阶段;另一方面,缺乏对教师私域教学素养规范、评价与培训的有效机制。当下私域教学行业的法律法规比较笼统概括,针对私域教学的规范约束条文出台相对较少,对私域教学素养的评价标准甚至连基础理论都没有形成,而落实在具体实施层面上的就更为缺乏。由于私域教学相对智能化,很多教师则在教学中尽量避开私域教学工具的使用,更愿意选择传统常规的教学方法。[2]

## 3.3 私域教学环境有待改善

高质量的私域教学需要私域智能技术与教学内容和教学场景的深度融合。但当前优质的私域教学平台、授课软件和授课内容还有待市场开发。首先,优质私域教学平台软件资源缺乏。私域授课软件作为课堂的媒介,不仅有助于私域教学的学习与交流,而且也有助于私域教学管理。目前,与私域教学相匹配的授课软件,较多地使用现成的微信社群、公众号、视频号、小程序、App、小鹅通、SKYPE、腾讯会议等软件,体验感相对不佳,缺乏良好的私域运营管理以及与学生的有效互动,其使用学习体验亟须提升。其次,人工智能技术通过虚拟现实等技术已初步解决了私域教学课堂环境的问题。然而,从目前私域教学的课堂实践来看,缺少教室学习的整体氛围,学生之间几乎少有互动,缺少一些有趣的团体性活动已基本成为常态,也缺少"沉浸式"教学环境,难以形成系统化思维,一直制约着学习者的学习与进步。

## 4　私域教学体系构建

随着私域教学更加 IP 化、数字化、智能化和社区化,它必将成为一种不可逆转的教学潮流。然而,不同的文化背景、国别政策、保障制度以及不同利益相关者的不同诉求,复杂化了私域教学实施的运营环境。但在宏观上,诸多挑战是共性的,结合当下私域教学趋势以及私域教学的挑战,需要从以下四个方面着手构建私域教学体系(见图 1)。

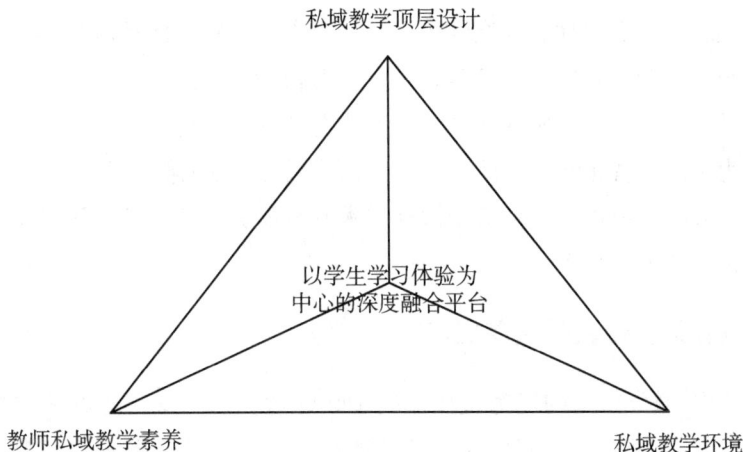

图 1　私域教学体系构成框架

### 4.1　搭建以学生学习体验为中心的深度融合平台

私域教学是注重以人为本的数智化学习社区。然而,这一切皆离不开平台建设、授课软件与课程内容的配合。以得到高研院为例,它是互联网知识服务平台得到 App 出品的知识服务产品。通过线上线下结合的学习方式,把分散在社会分工中、正在被创造但还未被整理的知识挖掘、分享出来。线上,给学员提供一套从各行各业提取的多元思维模型课程;线下,组织来自不同行业领域的学员进行面对面的集体学习。从得到高研院案例可以总结出，建设一个相对成功的私域教学平台，至少具备以下六点：IP 力、内容力、产品力、运营力、组织力、智能力。这六点相辅相成，缺一不可。

IP 是一个私域教学平台的象征，负责感召粉丝、会员和学生，用在教学上就是老师如何让学生乐意学习、分享学习。对私域学习组织有归属感和认同感。最重要的是要让学生在学习过程中有种获得感和成就感。内容力是师生互动的教学内容，这个内容是师生沟通的桥梁。产品力是学生和老师可以共创产品，产品不一定商业化，也可以用于社会公益或者服务私域教学系统里的每位师生，真正实现学以致用。运营力是需要国家、企业和学校对教师和师生在私域运营方面提供对应的资源支持，学校在私域运营方面则要配备专业的私域教学运营人才，以满足私域教学需求。组织力就是政府和学校要从组织上确保私域教学生态系统的正常运转。智能力就是在教学过程中产生的数据，需要有成体系智能技术负责安全防护，及时给予学校、教师和学生相关数据反馈，结合数据算法让学习实现智能化。

## 4.2　完善私域教学顶层设计

管理学经验提醒我们："管理也是一种生产力"，而顶层设计则发挥着基础性导向性作用。接下来私域教学应该从外部和内部两个方面来进行顶层设计。外部方面：第一，政府要出台相关文件支持与政策引导；第二，教育资源要向私域教学有所倾斜；第三，密切关注私域教学相关技术创新与应用；第四，要充分运用好社会资本积极发展私域教学；第五，引进第三方私域咨询及服务机构为私域教学培养教学及运营相关人才。

内部方面：第一，在搭建私域教学平台和人才引进等方面财务要有足够预算；第二，私域教学搭建以人为本的数智化学习社区时组织架构要机动灵活；第三，私域教学技术架构和信息安全需要第三方服务或咨询机构协助做好技术方面顶层设计；第四，积极培养基于私域教学的学习文化氛围和师生关系。

## 4.3　促进教师私域教学素养提高

在教育实践中，教学效果的优劣直接取决于教师素养的高低。随着私域教学与智能技术的融合不断深入，私域教学素养成为教师开展在线教学中的必备素养。在私域教学过程中，提高教师私域教学素养主要从以下五个方面着手：第一，政府、社会和学校要共建私域教学教师培养平台，对参与私域教学的教师与私域运营相关人员进行全面培训，全面完善培训制度，发挥平台性优势，增开私域教学和私域运营相关课程，全面促进私域教学课程升级与完善。第二，完善私域教师教育教学评估体系，在对私域教学人员培训的同时，对所培训的教师进行私域在线评估，以此推进私域教师们运用私域工具教学的能力。第三，根据私域教学鲜明特征，开设和私域教学相关的学术论坛和研讨会，增进私域教师同行间的交流和学习。第四，定期关注创新技术发展，例如对人工智能、元宇宙、区块链和 Web3.0 等技术或概念进行综合性了解学习，方便将最新技术融合进私域教学体系。第五，打造以学生体验为中心、以人为本的数智化学习社区。周期性开设师生交流会,多听取学生关于私域教学的相关建议。

## 4.4　完善私域教学环境

积极应用大数据、人工智能、Web3.0、元宇宙、区块链、5G 等新技术完善私域教学环境;积极搭建私域教学平台,选用合适的私域运营工具,输出精致的私域教学内容。选用私域教学相匹配的授课软件,也可以选用现成的微信社群、公众号、视频号、小程序、App、小鹅通、SKYPE、腾讯会议等软件。聘请外部第三方私域咨询和服务机构,定期为私域教学团队做相关专业培训和内容指导。通过策划私域教学线上线下活动,促进学生之间和师生之间的互动。积极引入人工智能、Web3.0、元宇宙、虚拟现实技术实现"沉浸式"教学环境,实现"寓学于乐,寓乐于学"。

不难预见,未来"人机共存"协作将会成为常态,教学环境数字化、智能化和社区化将成为必然,人们对私域教学的需求将会持续加大。私域教学将会进一步推动教育创新发展,给教育带来更多的机遇。伴随私域教学技术的不断成熟,私域教学将会迎来一个新的春天。

## 参考文献

[1] 薛可,余明阳.私域流量的生成、价值及运营[J].人民论坛,2022(11):114-116.
[2] 祁建钊,雒淼淼.人工智能时代在线教学:趋势、挑战与路径优化[J].中国成人教育,2022(7):47-50.

# The trend，challenge and system construction of private domain teaching

**Zhang Lufa，Zhu Qinliang**

**Abstract**：Private domain teaching is a kind of human-oriented digital intelligent learning community based on the technological changes in the field of information technology，artificial intelligence and media innovation. It is a combination of human-centered private domain，artificial intelligence and IP concepts. At present，private teaching is showing the development trend of teaching content IP and learning personalized，teachers teaching ability number intelligent，teaching and learning interaction beyond time and space and relationship subversion. It also faces the main challenges of the lack of top-level design in private domain teaching, the lack of teachers' private domain teaching literacy，and the need to improve the private domain teaching environment. Therefore，the construction of private domain teaching system can be carried out from four aspects，including the construction of a deeply integrated platform centering on student learning experience，the improvement of the top-level design of private domain teaching，the improvement of private domain teaching environment，and the improvement of teachers' private domain teaching quality.

**Key words**：private domain；private domain teaching；IP

# 让高数课堂"燃"起来

## ——从教学体系走向学习体系

陈春丽

**摘　要：** 让学生学会搭建知识体系、学会自主学习是高等教育的目标之一。本文以"高等数学"课程为例，围绕"如何发掘学生对数学的热爱、如何保护学生的好奇之心、如何在教学中培养学生严谨的思维习惯、如何启发学生思考数学的本质、如何帮助学生搭建知识体系"等一系列问题展开讨论，探讨学习平台搭建、教学模式改革、学生学习力促进和教师自我教育等方面的经验和成果。

**关键词：** 学习平台；教学模式；学习模式；学习力；教师教育

## 1　引言

好奇心是人类学习和探究的最初动力。在应试教育体制下，并不缺乏勤奋好学的学生，而是缺少对未知世界充满好奇心并勇于探索的学生。大学教学必须重新唤起学生的好奇心，激发学生主动探究科学知识的热情，引导学生将创造性潜能释放出来。大学课堂必须从传统的"以教师为中心"向"以学生的学习为中心"变革。以我主讲的"高等数学"课程为例，我始终坚持将"让学生学会搭建知识体系、学会自主学习"作为教学的终极目标，积极推进高等数学课程改革。在课程改革的进程中，围绕"如何发掘学生对数学的热爱、如何保护学生的好奇之心、如何在教学中培养学生严谨的思维习惯、如何启发学生思考数学的本质、如何帮助学生搭建知识体系"等一系列问题展开探索和实践，逐渐在学习平台搭建、教学模式改革、学生学习力促进、教师自我教育等方面形成了经验和成果。

## 2　搭建学习平台，解决学生问题

作业是高数学习过程中的一个重要环节。基于多年的教学经验，我意识到"作业批改、作业完成质量、学生作业分析"是教学中相对薄弱的环节，如不加以重视，则会对学生的学习效果产生直接的负面影响。基于此，我在课程教学中增加了一些辅助性的教学手段：一是采

**作者简介：** 陈春丽，女，应用数学专业，博士，副教授，邮箱：clchen@sjtu.edu.cn。

用思维导图教学法,帮助学生建立系统完整的知识框架体系,有利于学生在完成作业时综合利用知识来解答问题;二是对学生作业中的易错点进行分析,既能促进学生对难点知识的理解和掌握,也训练了学生思维的严谨性;三是注重助教的作业反馈,点评解题过程,鼓励学生进步,提高学生的作业质量。

除此之外,我与香港科技大学数学系合作搭建了上海交通大学高等数学 Classviva 在线教学平台。该平台支持 Latex,有强大的后台数据分析功能;支持学生作业的提交、自评、互评等功能,能够追踪学生的学习习惯和学习效果;该平台在解决作业问题的同时,引入同伴式学习,既有助于提升学生的学习兴趣,又能够培养学生的主动学习能力。

# 3 教学模式改革

## 3.1 教学模式匹配学习模式

近年来,随着高校专业设置的不断细化,理工、经管、医农和人文等专业对高等数学课的要求有明显的变化与差异。加之在线学习资源的多元化、选课学生的多层次化,传统的高等数学教学模式很难满足当前学科专业发展的要求,也难以适应新生代大学生的学习需求。故而,高等数学教学改革势在必行。为此,上海交通大学数学科学学院对高等数学实行教学改革,实施"大班教学,小班辅导"的授课模式。从教师教学的视角来看,"大班教学,小班辅导"是一种合作型的教学模式;从学生学习的角度而言,它是一种反刍式学习模式,学生通过大班教学获得理论知识,在小班辅导中,在回顾知识的基础上进行知识的加深和拓展。这一学习模式比较符合学习规律,学生的接受度比较高。

为匹配学生的反刍式学习模式,我将教学内容进行了重构,分为基本授课内容和加深拓展内容两部分,并同步改变了原有的教学模式,由"大班教学"和"小班辅导"两部分构成。"大班教学"的主要任务是传授课程的主干内容,强调知识体系的建立、知识点的逻辑性。"小班辅导"既要加深学生对大班教学内容的理解,更要关注学生存在的个性化学习问题,通过弹性地调整课堂内容来适应学生的学习需求,通过开展课程相关的研讨来回应学生的疑难点。例如,"数列极限"这一基础概念,基本授课内容包括极限的定义、性质、归并定理等,加深拓展内容包括不收敛、借助任意性和存在性构造数列和子列、归并定理的第二种推导方式等。基本授课内容可以自成体系,而加深拓展内容的深度则依赖于小班学生的掌握程度。教学内容的重构,既能够避免学生因高数太难而压力重重,又能够让学生获得学习成就感。

总之,"大班教学,小班辅导"是以教师为主体和以学生为主体的两种教学模式有机结合,达到了共性与个性统一,促使教学效果最大化。

## 3.2 问题驱动,做一个优秀的课程设计者

当代大学生思维活跃、视野开阔,对老师提出的问题能够积极思考、主动探求。例如,按

照教学要求,不可积的函数讲解五类即可,但我在上课时会顺便提及还有很多不可积的函数。于是,每年都有学生主动补充其他的不可积函数,发到课程微信群里,展开积极讨论。学生积极的探索态度给我的课堂教学也提出了更高的要求,我不得不思考如何让课堂更具吸引力,以抓住学生的思维,促使学生自主探索;如何成为一个优秀的课程设计者,为学生在庞杂的信息面前理清思路,使其学会辨析、学会学习。

问题驱动式教学,突出了"教"与"学"的融合,教师通过一系列问题,引导学生的思维层层深入,这样的教学方式有利于激发学生对数学的热爱,培养学生的高阶思维和探究精神,帮助学生提升学习自觉性和主动性。例如,我在第一节课时就提出了促使微积分产生的四类科学问题,让问题贯穿课程教学始终;讲隐函数和反函数概念的时候提出两个函数的存在性问题,该问题延续到课程的第二学期。这都有利于学生带着问题进行学习,在问题的驱动下一步步地探究答案;同时,问题的设置也加强了课程内容之间的横向联系,提升了课程的黏性,让学生深入整个课程的探究。

### 3.3　用辩证统一的思想审视高数,讲好高数这个故事

好的课程都会有好的故事,教师是故事的讲述者。现行的教材和教辅,其结构和内容基本上无懈可击,但是很多概念看起来却比较孤立,这使得知识结构以树状呈现。事实上,当我们使用辩证统一的思想去审视高等数学时,即会发现不同的知识点也存在相似的结构、相似的研究方法,这些知识点之间蕴藏着深层次的逻辑关系。受此思想指引,我不断地挖掘高数概念之间的逻辑关系,从而把树状的知识点连接起来,形成网状结构,使得整个课程内容的故事性更强,讲课时就可以从完整的故事视角进行叙述,有利于学生结构化思维的养成,促进其对知识的自我建构。

比如,"广义积分与级数理论""实数连续性理论与反证法的选择"这两组概念看起来是孤立的,但进行对比分析后可发现,广义积分与级数理论之间存在内在联系,实数连续性理论的证明中反证法的选择有章可循。再比如,"初等函数"这一概念在教材中只是简单提到定义,并没有阐述这个概念对课程的深刻影响,但进一步挖掘即可发现,初等函数概念的拆分对学生理解高数的框架结构起着很重要的作用。在辩证统一的思想指引下,把高数的故事讲圆、讲精彩,使得高数教学成为一门艺术,就可以抓住学生的心。

## 4　帮助学生提升学习力

学生需要科学地学习。科学学习不仅需要学生自悟,也需要教师立足于课程本身的特点给予学习方法上的指导,这将使得学生的学习事半功倍。或许我的高数学习经验和方法不一定优于学生,但是我愿意在发现学生的学习问题时及时地提供方法上的帮助。

例如,大部分学生在高中阶段就接触了思维导图这一学习法,但是更多学生制作的思维导图仅仅停留在完善目录的层次上,缺乏深层次的思考、挖掘和建构。鉴于此,我在高数课

上会进行三轮思维导图教学，将我所掌握的思维导图的整理方法和生成技巧都教给学生，要求他们提交多份思维导图作业，并对学生的思维导图作业进行点评。我通过进行多轮思维导图的训练，增强了学生对知识结构的认知，也提升了学生的知识迁移和运用能力。

每次思维导图的作业反馈都显示出学生对这一学习任务超高的接受度和认可度，很多学生惊呼：

"太棒了！画了思维导图以后，知识结构格外清晰"

"整理时才发现原来自己已经学了这么多的知识和技巧"

"遗忘了很多，画思维导图一帧帧复习，效果真好"。

……

## 5　新时代，老师也是学生

育人者必先育己，立己者方能立人。教师要永远保持学习的心态，才能实施与时俱进的教育。教学既是一门科学，又是一门艺术，它既需要教师拥有扎实的专业知识功底，也需要教师掌握先进的教学法。每位老师在读书时候所学知识并不足以支撑所有的教学工作，且教学理念、教学方法、教学模式等并非老师与生俱来的，这就决定了老师必须不断学习，注重提升自己的认知水平，提高教学技能，才能有效地开展教学工作。

我通过学校教学发展中心组织的系列活动学到了很多与教学相关的理论和技术，这对我的教学确实很有帮助。比如，一次关于"脑科学"的培训讲道："研究表明，单纯的理论教学效果仅有 28%，只讲例子的情况下教学效果不足 20%，若是讲一个理论加两个例子，教学的效率可达 62%。"这一研究结论给了我重要的启示，在后续的教学中便以此为理论指导对教学过程进行了优化。作为一线教师，我们需要通过更新自己的教学理念、掌握先进的教学规律、学习科学的教学方法来提高自身的教育智慧，为培养新时代人才贡献力量。

18 年的从教生涯，让我从当初那个稚嫩的"青椒"成长为一个在三尺讲台上游刃有余的成熟教师。我深刻感觉到时代的变化，学校在变，老师在变，学生也在变，但也有一些永恒的东西存在着，那就是数学的温度、年轻学子的好奇心与求知欲。希望我能够永葆自己的教育情怀，践行自己的教学理念，走近学生，尊重数学，潜心教学，做一个有温度、有情怀的数学老师。这即是我所追求的"永恒"精神。

致谢：

感谢上海交通大学教学发展中心的邢磊老师给予的专业意见和建议，对我很有启发；感谢邱意弘老师、王力娟老师和张兴旭老师，与她们的讨论对我也很有帮助。教学发展中心的活动总是能给我带来更多的教学思考，在此一并感谢。

# Let higher mathematics classroom "burn" up
## — from teaching system to learning system

### Chen Chunli

**Abstract**: One of the goals of higher education is to let students learn to build a knowledge system and learn to study independently. Taking Advanced Mathematics as an example, this paper discusses a series of issues, including how to explore students' love for mathematics, how to protect students' curiosity, how to cultivate students' rigorous thinking habits in teaching, how to inspire students to think about the nature of mathematics, and how to help students build a knowledge system. The experiences and achievements in building learning platform, reforming teaching mode, promoting students' learning ability and teachers' self-education are discussed.

**Key words**: Learning platform; teaching mode; learning mode; learning ability; teacher education

# 从学习成果到学生成功,寻找旅程中的快乐商数

曼迪·弗兰克-米斯塔克

(陶　庆　译　柏金妍　整理)

**摘　要:** 本文根据加拿大约克大学曼迪·弗兰克-米斯塔克(Mandy Frake-Mistak)博士在第四届中国高校教学学术年会上的大会报告整理而成。曼迪博士主要结合自身工作经历阐述了其对教学学术的深刻认知,认为教学学术实质上是一个探索、研究、发展、完善、反思和交流的过程,旨在产生、促进、提高教学中的学术含量。曼迪博士首先探讨了在教学中、在教学学术研究中培养、提升"乐商"的必要性,从而实现学生更好地学习。然后,曼迪博士进一步深入探讨如何才能行之有效地通过教学学术来重塑制度文化,构建新的教学理念指导教学实践,进而促成教学进步。最后,曼迪博士强调相较于其他学术行为,教学学术是一种慢学术,进而主张需用发展的眼光重新审视教学学术,应将重点放在教学学术社区的构建上,打破跨学科壁垒,促进教师之间的真诚沟通和共同探索,从而使社区成员全面提升教学学术能力。

**关键词:** 教学学术;乐商;慢学术;教学学术社区

## 1　引言

大家好!很高兴能出席今天这场线上盛会。大家齐聚一堂、交流分享,以兹学习借鉴、相互促进。能受邀在这场最为重要的会议上做主旨发言,我深感荣幸。这场会议的召开充分展现了上海交大的教学底蕴——矢志不渝提升学习效率、满腔热情提高教学质量、竭尽全力服务学生。我相信,我所谈及的学术界和教学领域学术研究中的"乐商",在很大程度上与此不谋而合。

**作者简介:** 曼迪·弗兰克-米斯塔克(Mandy Frake-Mistak),女,教学研究设计师,加拿大约克大学教学共享中心。

**译者简介:** 陶庆,男,副教授,上海交通大学外国语学院,邮箱:taoqing@sjtu.edu.cn。

**整理简介:** 柏金妍,女,咨询师,上海交通大学教学发展中心,邮箱:jybjd@sjtu.edu.cn。

在进入正题之前,请允许我向我所定居的这片土地表达敬意。我向原住民致敬,感谢他们祖祖辈辈守护这片土地;我向土地致敬,旨在承认我们赖以生存的一切均取自这片土地的馈赠。我们的家园、我们的社会都植根于这片土地。通过向土地致敬的方式,我们能坦率传颂原住民与这片土地之间无可替代的独特关联。

我住在加拿大安大略省大多伦多地区的怡陶碧谷,我家附近有小桥流水,有静静流淌的米米科河,它汇入被当地人称为威斯丁公园的区域。作为白人女性,居住于此的学者,我在许多民族的传统领地上生活和工作过,包括信用区的米索加人、阿尼西纳贝克人、齐佩瓦人、豪德诺苏尼人和温达特人。这片土地也是许多不同的第一民族、因纽特人和梅蒂斯人的家园。我们同样承认多伦多与信用区的米索加族签订的第 13 号条约以及与多个米索加族和齐佩瓦族签订的威廉姆斯条约也涵盖这座城市。

## 2　什么是"乐商"

今天,我和大家探讨学生从获得学习成果到走向学业有成的成长之路。首先,请各位思考以下几个宏观的问题:你间隔多长时间会停下来一次,对自己的教学实践进行系统反思?你教书的动力何在? 你工作的意义何在? 你工作中的快乐源自何方? 我认为乐商可以在这个旅程中帮助我们停下来回顾教学过程中的高光时刻,这是一个自我塑造的过程,能让我们更认真地投入教学实践,更积极地开展学术研究。

首先,什么是乐商? 我花了大量时间思考这个问题,扪心自问这于我而言意味着什么。我也花了很多的时间反思乐商如何体现在我的职业生涯和个人生活之中。对我来说,培养乐商意味着一个人在生活中能够欣赏并接受快乐——最重要的是,能否给别人带来快乐。我相信,我们能够在教学中、在教学的学术研究中获得这样深刻的体验。快乐就在这段旅程中。当我们邀请学生参与课程设计从而更好地学习知识时,便能体会到教学过程中的快乐。能否快乐是我们的教学理念能否成功和学校是否有存在必要的重要证据。只有通过与他人分享,我们才能领悟其中的真谛。

来自加拿大各地的同事和我都已在其他场合介绍过这一概念。帕特里克·马赫(Patrick Maher)博士已经在本次会议上做过发言,还有梅兰妮·汉密尔顿(Melanie Hamilton),也包括我,都曾就此话题做过热情洋溢的发言,认为我们需要寻找给人带来快乐的能力。我觉得这在高等教育乃至整个学术界都非常适用。这一领域的环境有时很不稳定,政治环境变数很大,这些都会剥夺人们的快乐,大家因而对那些乐于为之付出的人充满疑虑。因此,培养快乐,进一步提升我们发现快乐、认识快乐、拥抱快乐并将之传递给他人的能力,无论是对于学生还是教师,都非常必要。我相信,从事教学领域的学术研究可以为这一重要工作带来提升空间。

基于以上个人反思,我在此提出一些具体的问题,和大家一起思考。第一个问题,如何进行 SoTL 或给予相关支持? 我提出这个问题是想请大家思考一下,你们在 SoTL 中扮演着何种专业角色。你是以参与者的身份融入其中的吗？你是否积极进行相关探究并公开分享你的发现？你会以何种方式支持其他从事相关研究和宣传的人？第二个问题是，在教学过程中，你何时会感到快乐？对待教学工作时，我觉得我们经常关注其消极的一面，太过吹毛求疵，往往忽略那些让我们感到快乐或自豪的事情。在教学的漫漫征程中，总会有一些让我们感到快乐的点滴，也正是这些构成了 SoTL 的高光时刻。但是，我们如何提高自己的乐商呢？我可以肯定地说，我们其实并未获得足够的快乐，特别是当我们反思自己过去几年的生活和所经历的事情时，这一点显得尤为明显。在教学实践中，快乐可能已然消逝。我们需要思考自己通过何种方式来提升乐商，以改善目前的状况。最后一个问题，当高等教育面临持续动荡的环境时，我们应如何继续推进 SoTL？我相信，时间会给出答案。为了实现高等教育的变革，我们需要耐心和决心。同样，想要在 SoTL 中做出有意义的贡献，也需要耐心和决心。为了回答这些问题，我回顾了自己的 SoTL 历程。

我在高等教育领域耕耘近 20 年。在获得高等教育政策评估与政治经济学博士学位后，我在安大略省西南部的四所大学担任合同制教师。在此期间，我曾为教育学院的师范生们讲授健康和体育课程，并为应用健康科学学院开设体育和运动机能学课程。获得博士学位之前，我受聘于约克大学当时新成立的教学共同体——也就是教学中心，担任研究助理。约克大学是加拿大综合规模第三大的综合类大学，现共有大约 55 000 名本科生和研究生，就读于 200 多个不同的院系专业。我制订了专业发展计划，为研究生助教提供帮助，其中包括颁发证书、设计课程、组织讨论等。蓦然回首，我才意识到自己在教育发展领域开展研究已经很长时间了。它总是以某种方式融入我的工作。最终，我受聘担任教育项目研发者。自此以后，我的工作范围和研究重点都大大拓展了。

## 3　教学学术重塑制度文化

教育发展，其实就是促进大专以上教学机构在教学方面取得进展，包括个人进步和机构发展。雷·兰德(Ray Land)[1]提到的"改善法"("Kaizen")至关重要，因为教育的发展既关系到职业发展和个人成长，也涉及整个大学教学的持续改进。换个角度说，永远不存在一种完美的教学方式，因为教学要求和实践方式总是随着社会的发展而不断变化。我们只能努力让自己变得更好。因此，教学项目研发者也要对此保持关注，力求改进，对标本地区乃至国际标准作出改进。在我看来，这项工作与有关教学的实践以及针对教学的学术研究非常贴近。我们从事这项工作不仅是为了成为学者，更是为了将这项学术研究带入实践，进而不断帮助学生成长。

有鉴于此，瑟尔茨玛(Geertsema)[2]在 2016 年一针见血地指出，学术发展单位应该认真思考如何才能行之有效地通过 SoTL 来重塑制度文化，进而促成教学的进步。我想借此机会与大家深入探讨这一观点。基于实践的学术研究是教育发展的根基，因为我们的大部分工作都围绕着如何建构新的教学理论以指导教学实践，并鼓励教师在教学过程中更多地采用基于证据的教学方法与"以学习为中心"的教育理念。如果讲授学术的教师密切关注学生的学习，并从"促成学生以学习为中心"的理念出发，对教学模式进行反思和设计，他们就能成为更优秀的教师，随之而来的便是高等教育领域的全面发展。SoTL 可以在多个层面发挥作用，这样的教学方法有助于改善学生学习过程和整体体验，也为拓宽学术视野提供了全新的思路，进而帮助教师获得外界认可、迎来职业发展。在我看来，提供专项支持以助力关于教学的学术研究，其重要性不可小觑，其挑战也令人生畏。教学项目研发者在实践中广泛使用各种策略，从单次的研讨会到非正式小组讨论和同行间的学习，多管齐下为 SoTL 提供支持。这些策略会对参与者产生多维度的积极效应，既能提升整体满意度，也能改变个体的反馈和理解程度，还会影响对未来的态度和意向等。如何去做，往往涉及平衡之道，即教学项目研发者如何在不对自己提出过度要求下，避免对因其他工作而在日程方面捉襟见肘的教师提出过多要求的情况下，仍能设计出适用范围广且目标远大的项目？我和本章的合著者们认为，要想实现可持续发展，就要采取一种纯粹的、有针对性的方式来支持和开展 SoTL。在演讲的后半部分我将再次谈及这些概念，并结合自己的实践经历加以阐述——供职于约克大学期间，我通过 SoTL 构建了重要的学者网络，也观察到了其中的价值和转变，希望能够借此机会与大家进一步分享。

早在我完全认识到"教学"的研究已渗透我学术实践的方方面面之前，我就知道这些研究需要发自内心的、实实在在的关注。如果连我都花了这么长时间才认识到 SoTL 的变革性力量，那么对于那些肩负着工作和生活的重担、无法全身心投入 SoTL 的同事，这就更为不易了。因此，我的想法从"只要你建立它，大家便会参与其中"转化为"只有我建立它，大家才会参与其中"。我发觉有必要搭建一个平台，让大家能够相聚一堂而不必畏惧评判，在工作的每一个阶段都能收获全心全意的支持，每每取得成就身旁都有伙伴一同欢庆。师生之间建立这种工作上的关系尤为重要。

通过从事教学项目研发，我提升了自己对 SoTL 的理解，也更加清晰地认识到 SoTL 对我所在地区、国家乃至国际社会的意义所在。在这一过程中，我努力打破教学与研究之间的藩篱，而博耶（Boyer）[3] 在《学术的反思》一书中也做出过类似的尝试。我这样做是为了支持我所在机构中的那些有志于改变内部文化进而向外辐射的同仁；在此沃土中我们一起成长，在教学方法中融入更多学术元素，增进对高等教育的了解，进而做出相应改变。初入约克大学教学共同体从事教学项目研发时，那里还没有任何 SoTL 的基础设施，没有 SoTL 相关的宣传，似乎也没法通过团队协作参与 SoTL。这其实挺让人失落的，但我有一种预感，尽管缺乏正式的组织架构来开展 SoTL，但它即将破土而出。我只是不知道由谁付诸行动。我当时的工作重点是如何支持这些教育工作者，帮助他们获得知名度和认可度，而并非急于让新的研究者加入其中。不过，情况很快便发生了改变。我渴望建立一个 SoTL 项目，将 SoTL 文化的缺失当作是成长和创新的机会，而非麻烦的缺憾。我尝试与那些已经投身 SoTL 的学者合作，支持他们，致敬他们的开拓奉献与先驱精神。同时宣传推广约克大学的 SoTL 研究，以之为杠杆，推动他人了解 SoTL，为更多人的参与创造平台，进而构建这一重要网络。

要在约克大学这样规模较大的机构中推进这项工作,就意味着要多措并举,通过分步走的方式引入 SoTL。

## 4　重新审视教学学术:慢学术

　　我努力践行莱博维茨(Leibowitz)和波扎列克(Bozalek)[4]所谈及的"慢学术"。这一方式不仅能够提升彼此关系的质量,更是经过深思熟虑的开放式探究实践,在为快乐创造条件的同时,也为跨学科发展提供可能性。我支持"慢学术"方法,以过程为导向,坚信教师与SoTL 研究的关系很大程度上受到他们彼此之间关系的影响。在 SoTL 领域,"慢学术"追求的是质量而非数量,强调要在过程中坚持有意义的事情,而非单纯为了结果。协作探索、同伴互助学习、团队参与模式和对学术的热爱,这些因素都推动着我的各种研究工作;我也在这一过程中寻求激励他人的方式,努力创造快乐。作为一个 SoTL 领域的"慢"学者,我努力把重心放在那些有意义的事情上,而不满足于找到便捷的权宜之计。我的想法与纪特玛(Geetsema)一致,主张用发展的眼光重新审视 SoTL,将重点放在个人和社区层面。作为支持 SoTL 的教学项目研发者,我要设计和提供行之有效的方案,产生意义深远的影响,创造性地理解 SoTL 学者的身份。我引入了专业发展计划和相关课程,包括教学技能研讨会和引导发展研讨会,跨学科教研的教育工作者济济一堂,讨论自己的所见所闻、所思所想。我开发了课程和工作坊,使教师更深入地了解教学,并将学术研究与课堂实践建立双向联系。在这些以同伴为中心的沉浸式环境中,参与者成为 SoTL 最积极的倡导者;也正是他们,为我在校园内外推广 SoTL 奠定基础。我和他们一起努力,并通过他们播下机会的种子,培育其生根发芽;我同他们一起面对焦虑和挑战,并在这个过程中探寻快乐。

　　再谈谈这些的基础。SoTL 实质上是一个探索、研究、发展、完善、反思和交流的过程,旨在产生、促进、提高教学中的学术含量。正如费尔滕(Felten)[5]所提出的,是否面向大众,或一定程度地面向大众——我更倾向于后者,是区别 SoTL 与学术性教学的关键因素。SoTL 的另一个重要特征是如何系统性地观察学习过程、收集学习证据,并在同行评议的框架下发布研究结果。SoTL 是基于证据的,但也需要我们做出积极转变,从个体的、相对不起眼的教学实践,转变为在正式场合中公开分享我们在课堂上的经验教训。但事实并非总是如此——这些经验包括在课堂上或在课程中实施和评估的教学活动,如设计课程方案、丰富课堂活动、测试全新教育理念、提供咨询建议、记录学生学习成果、提供评估项目等。作为一种系统的、以证据为导向的教学方法,SoTL 旨在改善学生的学习,并公开分享研究成果。

　　在 SoTL 过程中,学科专家根据以学生为主体的学习观,持续迭代更新教学决策,观察学习者的表现,交流讨论所获得的结果,引领鼓励教学相长的文化。从而把教学视作正式的学术活动。要将这一文化发展壮大,就要积极参与教学,将之作为一种专业活动,善于自省、乐于对话、勇于研究、敢于批判。教师在实践中逐步打造这样的文化,并对学生学习产生深远的影响。实践形式各式各样,其目的和方法也各不相同。教学体现在各种活动之中,包括设计授课方案、提供学习经验、反思实践结果，做出课堂回应，并将影响延伸到课堂之外。

# 5　构建教学学术社区

SoTL 是我各项工作的基础。在别人看来这一点未必表现得很明显，但我在为教师和研究生设计和制定项目时，我从一开始就将 SoTL 嵌入其中。为了提升约克大学的 SoTL 能力，创造与 SoTL 相宜的环境，我特意参照了帕克·帕尔默（Parker Palmer）提出的行动模式，借此我也帮助 SoTL 研究人员发掘约克大学等学校中志同道合的学者，为他们牵线搭桥，形成实践团体，给予相互支持。帕尔默写道："……当变革之声在共同的文化中照进现实，人们就更能表达出自己对于变革的渴望，与他人一起交流探讨，在开展重大行动前梳理人际关系，克服孤立感和半疯狂状态带来的不利影响。"我相信，当人们通过社群汲取养分，与同伴的共同实践时，他们工作的自主性更强，更有能力从个体问题中提炼共性特点。

我愈发认识到，地方层面的社区建设为 SoTL 文化的日益繁荣打下了基础。我也常在日常实践和学术写作中倡导这一点。在教学项目研发领域，我认同索尔奇内利（Sorcinelli）[6]的观点——他把"彼此鼓励、团队合作、学术共同体"列入创建和维护教学中心的十佳做法。在支持一线教学工作者时，我会从整体上考虑大学的学科多样性，以及教学活动何以不同方式，在实验室、小组学习室、工作室或大型演讲厅展开。我了解大学教师讲台上的有形职责，也更重视讲台下的无形投入，深知这无形的投入对那些真正与学生打成一片、学在一起的人意味着什么。作为教学项目研发者，我在设计和提交方案、给予相应的支持时，也必须考虑本校教学方式的多样性。

或许 SoTL 为提升约克大学的教研水平提供了完美的载体，它将专业发展限定在赫钦斯（Hutchings）、休伯（Huber）和西科恩（Ciccone）所谈到的"非缺陷范式"，重点关注不断变化的研究对象，对其进行系统全面的批判性审视。SoTL 还将研究重点从产品转移到过程。我很大程度上依靠与同事共同探索，从而吸引和支持教师参与 SoTL。当教师沉浸在这种与同事为伴的环境中，并通过这样的方式融入 SoTL 时，他们便能与一部分同事展开罗克萨（Roxa）和马滕森（Martensson）[7]所言的"以教学为主题"的真诚沟通。在 SoTL 计划和行动中，强调同行参与并非一家之言；相当多的文献都提倡这一做法，建议各院校为教师提供正式渠道投身 SoTL，将之作为杠杆，以改善"教师教"和"学生学"的质量。

由于我们中心倾向于在组内给出专业发展倡议，活动参与者往往又代表不同的学科、院系和部门，因此在思维方式和教学方法等方面都提供了广阔的发展空间。特别值得注意的是，为跨部门教师创造条件展开讨论，能够帮助他们跨越自身环境，开展真诚沟通，有助于打破单位和项目之间的壁垒。在座各位很可能已经对转变局限性的、竖井式的教学文化做出了自己的贡献，有些贡献看似微小，但"星星之火，可以燎原"。

在大多数学术环境中，SoTL 相对其他研究才刚刚起步。在这样的大背景下，我发现教学共同体的优势之一，便是能够帮助参与者找到成功之道。从教育发展的角度看，我们此举的成功之处在于与同行共同参与 SoTL。这为我们的社区提供了一个实用的、可持续的模式,让来自各学术领域、处于学术生涯任何阶段的教师都能够融入其中。在这一过程中,高质量的推动也是必不可少的。教学项目研发者在提供此类技能方面具有独特的优势,既能打造社群,又能支撑研究过程,帮助大多数参与者克服这一"舒适圈之外"的经历——我将其称为失调训练,无论学者在某一学科的造诣如何,这样的不适都难以避免。尽管存在压力,对教师的时间投入也有大量要求,我还是观察并记录了教师对 SoTL 的持续参与和长效输出。尽管这些成果在分享的公开程度、类型和方式上各不相同,但它们确实让我和我们教学中心的同事们有理由相信,我们培育的社群是促成参与者与其 SoTL 初衷联结的黏合剂。这一启示改变了我们对待教育发展的看法。如今我们提供了更多与同伴共同学习的平台,这样的机会也随着时间推移而不断增多;通过观察我们发现,相较于传统打卡出席的研讨会,这些交流的参与者更为广泛。在这一转变过程中,我必须承认的是,通过落实这些变革,与我们接触的师生收获了学习和成长、建立了社群和重要网络,但我仍旧低估了快乐在这一过程中的力量。

这一想法也在我与同事、学生的一项研究中得到了验证。我们调查了教师在从事 SoTL 时的经验心得和所面临的困难挑战。参与调查的教师们普遍表示,在完成 SoTL 项目的过程中,与同事合作并建立社群举足轻重。具体而言,他们提到了项目推进过程中环境的支持,以及他们与同伴如何彼此支持、互相鼓励,形成对 SoTL 研究意义的共同理解。直觉告诉我,与同伴共同参与研究,会带来迥然相异的认识和理解,形成全然不同的学习和教学方法。对于 SoTL,此种多样性能极大丰富彼此共通的经验。正如我所提到的,已经有文献证实了我的这种直觉。而我们的 SoTL 研究更是提供了证据,证明我所尝试的工作和使用的方法是行之有效的。相信我,这样的认可提升了我的乐商。

## 6   EduCATE 构建实例

与"慢学术"的研究方法相一致,我决定为那些希望以行动研究为载体、对自身教学领域深入探索的研究者提供更持久也更有意义的支持框架。为此我特意开设一门课程,而非一系列的研讨会。研讨会固然可以对方法和伦理做一些共性介绍,但这样的方式不利于学员参与、外部支持或联网交流——而在我看来,这些恰恰是推动文化变革的重要因素。为了进一步推动教学的跨学科合作,我在约克大学开发了一门名叫 EduCATE 的课程,全称是"教育、课程和卓越教学"。这既给了我一个机会,让我直面并克服自身对于教学与研究关系掉以轻心的惯性心理,也让同事们在约克社区的授权之下聚集于此,形成互帮互助的团体。EduCATE 这门为期一年、由同行参与的课程,承载了我在教学领域中产生的快乐,寄托了我对教学研究的热爱。我希望打造一个空间,将那些已经投身某种形式教学探索的人和希望从事 SoTL 的人联系起来,构建一个 SoTL 学者的社区。通过同事间的交流讨论,我的工作以另一种方式支持那些本不会参与 SoTL 的人,而不是让他们止步于对于 SoTL 充满好奇的层面。

这门课程参考了彼得·费尔顿(Peter Felton)的"进行 SoTL 研究的 5 项原则"和佩特·赫钦斯(Pat Hutchings)的"SoTL 问题分类法"。这些观点提供了过程性的框架，便于课程参与者设计 SoTL 项目并从方法开始探索问题。学员们在研究过程的不同阶段加入其中——有些人还不能清楚地阐述他们的研究问题，只是初步了解自己的兴趣所在，而其他人可能已经通过了伦理审核。我对 EduCATE 的结构进行了调整，让参与者在选定日期参与小组会议，将 SoTL 作为一个调查领域进行广泛探讨，并讨论 SoTL 研究中的伦理实践。我在课堂内外与课程参与者一起，回顾伦理委员会和人类参与者研究委员会的机构政策，并根据他们的研究经历，对研究过程提供全方位的支持和指导。让我感到惊讶的是，2015 年参与 EduCATE 的第一批学员中，相当一部分参与者几乎没有研究经验！事实证明未来挑战重重，他们要去弥合与他人的差距，这也迫使他们投入与教学有关的研究。我还观察到，在 SoTL 课程中，个体对成功的定义各不相同——对于一些参与者来说，学习如何进行 SoTL 研究并形成一个简单的研究设计就已足矣；而对于那些在研究方法和分析方面有前期基础、阅历丰富的学员而言，所完成的 SoTL 项目可能有机会发表。正如我们做的那样，使用一种纯粹的、重点突出的方式，在取得成果的同时也会形成对成功的多种定义。任何一种情况都可能产生变革。

在核心课程之外，来自不同学校、不同学科的课程参与者还会每月定期举办一次小型的同行小组聚会。他们的经历和兴趣各不相同。在此过程中，他们参与行动学习小组，着手建立 SoTL 实践社区。行动学习小组规模虽小，却组织得井然有序。参与者聚集在此，谈论他们的疑难困惑、机遇挑战及个人兴趣。各个小组的参与者轮流讨论与他们的 SoTL 项目有关的问题，并基于各自的知识储备和经验阅历提供同行指导，彼此鼓励，积极推进研究项目，或通过提问进提供帮助。小组活动接近尾声时，参与者会对自己的下一步计划做明确表态，而这些实操项目也将成为下一轮对话的主题。我并不刻意去推动这些项目，只是尽力在瓶颈处提供相关知识，于高潮时适时缓和情绪，并在验证与指导方面给予帮助，见证 EduCATE 的参与者为他们的 SoTL 项目奋斗，为彼此的每个里程碑欢庆喝彩。

我对自己在 EduCATE 中采用的每个方法都努力做到深思熟虑。我会考虑怎么做才合理，应该采用怎样合理的表述来恰到好处地推广 SoTL。这也与我的理念吻合，即 SoTL 成果与否未必在于发表正式作品。我要求课程参与者在年度教学会议 Teaching in Focus (TiF)发表演讲时，采用设计师交流之夜(Pecha Kucha)的演讲形式。要求演讲者简明扼要，紧紧围绕工作中最为突出的要点。迄今为止，无一参与者对此欣然接受。我们的很多学者都习惯于更为传统的会议演讲。当剥离那些他们最为熟悉的部分，便制造了不和谐和不一致。我能理解他们的心情，因为这一演讲风格确实极具挑战性。因此，我在课上提供了种种支持，课程开始和结束时都有通过课程结识的社区成员参与。我们在行动学习小组中专门抽出时间来排练演讲、接受反馈。我分享设计师交流之夜的案例，为学员们提供更多学习资源。给予学员充分鼓励，并时常提醒他们这种演讲方式的好处所在。我能体谅他们的不适应，但并不因此放松要求。TiF 为他们提供了更广泛的机会，使他们能够面向约克社区分享工作，并引来更多人加入关于教学和 SoTL 研究的对话。"设计师交流之夜"的模式激发了与会者的参与感。这棒极了，而约克社区的其他成员也常常被这些演讲吸引，注册参加 EduCATE。

从事 SoTL 的教师来自各个学科，EduCATE 也是如此。这样的多元组成既丰富了该领域研究，也对研究者们提出挑战。许多人对 SoTL 的研究方法并不熟悉，进行以人为对象的研究也存在诸多限制。大多数 SoTL 研究人员拥有教育者和学者的双重身份，这也增加了他们进入这一领域的复杂性。正如麦克莱恩（Maclean）和普尔（Pool）所言："对于具有学科背景，同时又作为教学者的教师，学生也是他们的研究对象；这种情况下就必须考虑双重角色所带来的伦理问题。"问题是为什么要这样做呢？

在加拿大的大学里，以证据为基础的教学实践已转化为新的研究兴趣。就是说，学者查阅有关教学的文献，以此为依据做出教学决策，并在一定层面付诸课堂研究，以探寻何种方式能最大限度提升学习效果。多数教授会对自己的教学实践进行反思，并以此指导教学。一小部分教师则专门从事教学学术研究，系统全面地探究如何通过有效教学最大限度地提升学习效果。当我将教学视为一种实践时，我就得考虑它处于哪一个实践层面。当我们努力追求卓越的教学，并以完善学生学习体验为终极目标时，有太多层面的问题使我们困惑、烦恼，需要我们去思考和探索。

课程设计本身是一个由规划、反思和构想组成的过程。我们从学习成果着手，希望自己的教学设计能够帮助学生走向成功，同时也关注这一过程是否真正快乐。我相信快乐无处不在，所以我鼓励那些同我一起工作的人在教学中感受快乐，并以这种快乐持续激励 SoTL 研究。我为他们提供支持，并倡议他们与学生进行类似对话，让学生去思考自己的学习乐趣何在，以及通过何种途径才能找到这种乐趣。我这样做是希望教与学、教师与学生的关系不那么功利，而是拥有更丰富的含意。只有这样，才能感受到教学的重要意义，从中收获快乐，为之喝彩。与同道中人相庆，就是对我最好的回报。当教师从 SoTL 研究中收获惊喜，或当他们的论文被接受发表、从学生那里得到鼓舞人心的反馈时，我也能分享他们的喜悦。此刻，从事 SoTL 的学者终于亲身感受到了我一直以来亲身体会的风景。通过庆祝活动，我也看到了更广阔的前景——每一位参与者都在为实现高等教育中教学文化的变革做出贡献。

教学研究是一个复杂的过程。它的重要性时常被忽视，但它的意义不容置疑，与我们的教学实践和工作息息相关。教学艰巨复杂，其魅力令人魂牵梦萦。真正对这项工作充满热情的人，自然而然地坚定追求着持续的教学发展和学术研究。对许多人而言，阅读有关教学的文献有助于他们在课堂上收集信息、进行实验。对其他人而言，在探究 SoTL 的过程中，他们加深了自己与学生、课程之间的联系，从而不断进步。

我在为国际教学奖学金协会（International Society for the Scholarship of Teaching and Learning Fellowship）编写候选人作品集时，写过关于快乐的文章。在提交过程中有人问我们，作为教育领军人物意味着什么。为了阐释我们所倡导的 SoTL 以及在该领域的贡献，我用了一个螺旋来说明我在 SoTL 和社区建设方面的相关工作。下面我将分享自己这样做的原因,并希望这个意象有助于大家思考我在演讲之初提出的三个问题。如何进行 SoTL 或给予相关支持? 在教学过程中,何时会感到快乐? 当高等教育面临持续动荡的环境时,我们应如何继续推进 SoTL? 我将自己定位于这个螺旋的中心,缓慢但稳定地建立 SoTL 的网络、培养能力。我的事业起于微末,最终渗透到自身工作和他人经验之中。我觉得这里所描述的图像最能代表我对自己工作的看法,以及我迄今为止所取得的成绩。绚烂缤纷的七彩画笔龙飞凤舞,勾勒出一幅浑然一体、妙趣横生的蓬勃画卷。当一种颜色渐变为另一种颜色时,我意识到,每位学者在更多了解教学研究、将学术成果付诸实践时,他们的角色必须有所改变,这是重要的转变。对一些学者,这些转变是在他们被 SoTL 所吸引,并在自身研究领域之外投身这一相关研究时悄然发生的。每一个交叉点都象征着正在发生的和将要发生的交流数量,它们伴随着网络的发展,见证共同体彼此相连。

当与我合作的教师和学生在会议上发言,在国内乃至国际范围开展意义深远的讨论,发表他们的 SoTL 项目和期刊、机构报告、学科资源,抑或应邀成为 SoTL 研讨嘉宾时,他们将螺旋向外延伸,其工作的影响也传播得更远。我日常工作的宗旨就是通过在不同时空的工作使这种网络交流成为可能。虽然这里的图像受到空间的约束,但螺旋仍不断向外散发,改变颜色——这就是变革。

# 7 结语

能有机会在这样的场合发言,我内心充满感激。我会把这一经历珍藏心底,因为你们给了我货真价实的快乐。最后,我想就我们与教学实践以及 SoTL 的总体关系做一总结。无论在教学中处于什么位置,我们都因学术研究而联系在一起。无论你是受益者还是贡献者,SoTL 都能提供无限的学习机会,为我们的旅程注入无限喜悦。

**参考文献**

[1] MEYER J, LAND R. Threshold concepts and troublesome knowledge: linkages to ways of thinking and practising within the disciplines [M]. Edinburgh: University of Edinburgh, 2003.

[2] GEERTSEMA J. Academic development, SoTL and educational research [J]. International Journal for Academic Development, 2016,21(2): 122 - 134.

[3] BOYER E L. Scholarship reconsidered: priorities of the professoriate [M]. Princeton University Press, 3175 Princeton Pike, Lawrenceville, NJ 08648., 1990.

[4] LEIBOWITZ B, BOZALEK V. Towards a slow scholarship of teaching and learning in the south [J]. Teaching in Higher Education, 2018,23(8): 981 - 994.

[5] FELTEN P. Principles of good practice in SoTL [J]. Teaching & Learning Inquiry: The ISSOTL Journal, 2013,1(1): 121 - 125.

[6] SORCINELLI M D, YUN J. From mentor to mentoring networks: mentoring in the new academy [J]. Change: The Magazine of Higher Learning, 2007,39(6): 58 - 61.

[7] ROXÅ T, MÅRTENSSON K. Significant conversations and significant networks-exploring the backstage of the teaching arena [J]. Studies in Higher Education, 2009,34(5): 547 – 559.

# From learning outcomes to student success, and finding the joy quotient on the journey

**Mandy　Frake-Mistak**

**Abstract:** This paper is based on the conference presentation given by Dr. Mandy Frake-Mistak of York University in Canada at the 4th Chinese Scholarship of Teaching and Learning Meeting. Dr. Mandy mainly elaborated on her profound knowledge of teaching scholarship in the context of her own work experience, believing that teaching scholarship is essentially a process of exploration, research, development, refinement, reflection and communication, aiming to generate, promote and enhance the academic content in teaching. Dr. Mandy first discussed the need to cultivate joy quotient in teaching and learning, so as to achieve better student learning. Then, Dr. Mandy further discussed how to effectively reshape the institutional culture through the scholarship of teaching and learning, and build a new teaching philosophy to guide teaching practice, thus leading to teaching progress. Finally, Dr. Mandy emphasized that teaching scholarship is a kind of slow scholarship compared with other academic behaviors, and advocated that teaching scholarship should be re-examined with a developmental perspective, focusing on the construction of teaching scholarship communities, breaking down interdisciplinary barriers, promoting sincere communication and joint exploration among teachers, and thus enabling community members to improve their overall teaching scholarship.

**Key words:** teaching scholarship; joy quotient; slow scholarship; teaching academic community

# 教学学术：我们的时间就是现在

米歇尔·J.伊迪

（陶　庆　译　柏金妍　整理）

**摘　要：** 本文根据澳大利亚卧龙岗大学米歇尔·J.伊迪（Michelle J Eady）教授在第四届中国高校教学学术年会上的大会报告整理而成。此次大会报告主要围绕SoTL并不单指教学模式，而是指研究教与学的方式，并将此应用到未来教与学中的主题展开研讨分享。首先，伊迪教授立足自身丰富的教学工作实践，分享了如何通过教学学术探索教与学的最佳方法以促进学生构建新的学习体验和创新发展。其次，伊迪教授着重探讨了教师培训的最佳途径："做中学"，强调教学的关键不仅关乎授课内容，而更重要的是如何用最佳方法向学生传递这些内容并让学生亲身体验大学的真实性学习框架和高质量教学模式实践的有机融合。最后，伊迪教授重新审视大学的教与学，探究能够促进学生全面发展的教学新模式，提出了"T字模型"概念，即教学不仅要促进垂直方向上的深度学习与探索，也要提升横轴方位上软技能或交叉能力的培养。

**关键词：** 教与学研究；"做中学"；"T字模型"发展

## 1　引言

大家好，我在澳大利亚向你们问好。我是澳大利亚卧龙岗大学副教授米歇尔·J.伊迪博士。在澳大利亚，我们一直缅怀那些先于我们来到澳大利亚的人，那些在这里定居、守护我们家园的人。我们用族人的语言"Grway"表示"你好"，以此表明对这片土地的传统守护者，即达拉瓦尔民族的沃迪人的敬意。我愿向所有先人、同辈以及正在茁壮成长并将继续保护我们的土地和国家的年轻人致敬。

我尊重这片土地，尊重生活在这里的动物，尊重流淌在这里的河流，尊重这里的一草一木。感谢先人们让我们在这片土地上继续成长和学习，我们承诺会尽最大努力保护它，因为我们明白，如果我们守护家园，家园也会庇护我们。这是我们每次在澳大利亚参加重要集会

**作者简介：** 米歇尔·J.伊迪（Michelle J Eady），女，副教授，澳大利亚卧龙岗大学教育学院。

**译者简介：** 陶庆，男，副教授，上海交通大学外国语学院，邮箱：taoqing@sjtu.edu.cn。

**整理简介：** 柏金妍，女，咨询师，上海交通大学教学发展中心，邮箱：jybjd@sjtu.edu.cn。

时都会做的事情,以此向先人致敬。

所以在今天的会议期间,如果有机会的话,你可以去室外呼吸新鲜空气,看看美丽的校园,那将是一种享受。不要忘记那些先你来到这里的人们,他们照料这片土地,让你今日得以置身此处。所以我真心感谢这片土地,感谢我们的先人。

我尽量试着用中文说,谢谢你们。非常感谢你们邀请我。很荣幸来到这里参加今天的会议,为此我感到十分高兴。我非常希望能亲自到场,因为我对贵校的教学发展中心有所了解,其工作令人印象深刻。我多希望有机会在现场与你们面对面交谈,那将是多么美好。当我想到教学与学习研究(Scholarship of Teaching and Learning,SoTL)的时候,我经常会想到彼此关联,以及未来之旅。我想和你们聊聊我的旅程,帮助你们理解我为什么会产生这样的想法。

## 2 教与学的探索实践

这是一个关于 SoTL 的故事,关于我的教与学,从我作为一名学生,一直到现在我教授别人如何成为一名优秀的老师。借由我的经历,我希望你们也能花些时间来回忆自己的故事,思考你们为自己的 SoTL 带来了什么,以及如何通过 SoTL 之旅成为今日的自己。正如我之前所介绍的,我是澳大利亚卧龙岗大学教育学院的副教授。我是一位牧人,是澳大利亚高等教育研究协会的研究员,也是国际教学研究协会的会员。我也是高等教育局的高级研究员,在英国被称为高级 AG。

2019—2021 年,我有幸在依隆大学介入学习中心担任依隆卓越写作研究中心的研究负责人,因在优质教师培训方面的工作而获得国家优秀教师表彰。我对 SoTL 非常感兴趣,期待我们相互分享各自旅程中的故事,以及远程教学、同步技术等领域的故事。今天我会和大家稍微聊聊这个话题。

我也从事原住民的研究,以及工学结合模式的研究,这是一个术语。今天我会简单说说这个问题,也会谈到当前教育领域的其他问题。我的核心工作是帮助学生了解如何应用他们的学术写作能力、批判性思维能力,如何在学习过程中充分利用工作经验,以及如何将这些经验与工作需要和他们正在学习的理论联系起来。屏幕上有几张我的照片。中间那个,当时我比较年轻,是 2010 年博士毕业时拍的。站在我旁边的那位是 1995 年我第一次来到澳大利亚时教我如何成为一名教师的人。他来参加了我的毕业典礼。还有一些北极的照片,以及我在北极任教过的学校,接下来也会讲到。这是我在南澳大利亚洲的一个原住民社区,还有当地的风景和我教过的孩子。

首先我来自加拿大,我来自橙色的这个省,叫作安大略省。我母亲住在安大略省渥太华市,我在这里出生长大。沿着加拿大横贯公路驶过一个叫德莱顿的小城,右转,最后会到达一个叫苏族瞭望台的地方,这是安大略省北部最后的原住民族群之一。从前那里有很多原住民社区,但现在如果你问住在这个地区的加拿大人,苏族瞭望台附近有什么,他们会说那里没有什么东西。

那里有很多树,有一些麋鹿,一些熊,没什么别的。可是当我在澳大利亚完成了我的教师学位,回到加拿大教书时,我发现其实那里有很多东西。如果我们放大地图,查看苏族瞭望台周围的空间,点击这里,你会看到那里有38个原住民社区。有些社区非常非常小,例如长湖58号社区,这里聚集着大约8个家庭。上面的那个,稍微靠上方一些的社区叫作科城麦克斯比·茵尼奴伍戈(Kitchenuhmaykoosib Inninuwug),这个名字有点难翻译。

这个社区大得多,约有7000名居民。那里有杂货店、类似小型护理站的医院和学校等等。这其中的许多社区,夏天只能乘飞机前往。冬天河湖结冰时,可以通过冰路驾车到达。所以冬天去那里会更方便些。其中许多社区仍然没有供应自来水的室内管道。小镇里没有供水系统。他们的取水方式是用大卡车运来河水,倒入大型水箱。但他们拥有高速宽带网络。

互联网是随着远程医疗服务被带入这些社区的。远程医疗服务面向居住在这些社区的人们,他们可能病得太重而无法从专业医生那里获得帮助,他们需要专科治疗或咨询,但却很难踏出社区。通过远程医疗,他们可以在网上见到医生、护士和专家,就如同今天你们通过网络见到我。有趣的是,这一切在20年前就实现了。我有一个19岁的儿子,当我刚开始参与这些原住民社区的工作时,他还没有出生,那时这些社区已经可以通过高速宽带互联网获得医疗服务。而我们所做的,是为这些社区的人们带来学习机会。

对于原住民社区及其成员来说,最重要的事情是照料家族,守护社区,完成每日必需的任务,例如为老人取木材,打猎获取肉类,照看孩子。这种情况下,离开社区继续接受教育成为一个棘手的问题,他们难以抉择是留在社区帮忙,还是出去接受教育。因此,我们在加拿大开设了一个名为苏哈德逊的成人学习中心,通过互联网为这些社区带来学习机会。我会请学习者坐在社区的电脑前,让他们在舒适的环境中通过电脑来学习与进步。

这样做的好处在于,他们能够留在家人身边,维持社区运转所需的传统风俗文化并完成必要的任务,同时还能学习所需的技能。我们为他们提供了技能。比如教他们阅读药品说明书,知道如何正确服用药物;辅导他们的孩子做作业,辅导阅读和数学。再比如,这位女士正在学习如何成为一名助教,帮助我工作的学校里需要额外关注的孩子。我认为这项工作十分有趣且与众不同。

有个澳大利亚人告诉我,他们在南澳大利亚洲做的事与我为当地成年人所做的非常相似,唯一的区别是他们帮助的对象是孩子。要记得这些照片大约是20年前拍的,当时我正在做这项工作,图片里是我住在这些社区时的邻居。我去了一个叫图利塔的地方。T-U-L-I-T-A。图利塔字面意思是两条河的交汇处,它坐落在麦肯齐河和熊河的交汇处。

这是一个只有400人居住的小镇。天气很冷。让我们来看看图利塔的照片。左边是一张夏日熊岩的照片,熊岩在两河的交汇处,岩石的对面是麦肯齐山脉,麦肯齐山脉和麦肯齐河位于小镇前面。你可以看到小镇就坐落在这里。镇上有一所小学。有一个小护士站,那里的护士不是全职的,但基本上都会有一个护士在那里。如果有需要的话,镇上有个警察局。

镇里还有一个教堂和一位修女。这里的夜晚也有着非常美丽的北极光，就像这张照片里那样。拍摄这张照片的时候，我躺在雪地里吹着口哨，看着北极光靠近、远离，又再次靠近。这是一次美妙的体验，如果你没有去过，我强烈推荐一试。这就是我刚才讲到的冬季冰路。麦肯齐河在冬天会结冰。可以看到远处有灯光，那是一排排卡车在城镇之间来回穿梭，载着杂货或串门的朋友和家人。我原本以为我做的这些相当独特，独出心裁。

我会花时间参加会议，讲述我的经历，与家人一起工作，帮助学校里有特殊需要的孩子，去这些偏远的地方工作。有一次我在加利福尼亚的一个会议上发言，会议室里有两个人。在我前面发言的一位女士展示了这张照片。我对自己说，天哪，这看起来好眼熟。我想弄清楚为什么会如此眼熟。

她讲述的是在澳大利亚内陆地区教书，深入丛林，和那些在内陆与世隔绝的人们一起工作。当时我没有发觉，但后来我意识到，那张照片和我这张照片的唯一区别就是，我的背景是雪。所以我的照片和她的故事很相似，不同之处在于我的是加拿大人的视角。这里是一条冰路，车辙轧过雪地的痕迹向远处绵延，远处是一座小岛。车上还有一位我去看望的学生，她开车带我兜风看海景，凯姆布拉山在这儿，下方是卧龙岗大学校园。当我回来拿到攻读博士学位的国际奖学金时，我想要从不同的角度去审视我们在加拿大北极地区建立的学习项目。我感兴趣的不是政府说我们需要教这些人如何学习，而是这些原住民社区已经拥有的东西，以及我们如何在此基础上构建新的学习体验。因此，我并没有采用自上而下的方法，而是采用了自下而上的方法。

刚才提到的那位来自南澳大利亚洲的女士后来带我去了几个不同的社区，我在南澳大利亚洲约克半岛的皮尔斯角停下了脚步。皮尔斯角有一个居住着约 350 名纳龙加人的小型原住民社区，他们非常希望能够学习一些计算机知识和使用方法。当时他们正要庆祝社区的一个重要周年纪念日。那里有很多关于他们社区的照片和故事。我所做的就是培养他们的技能，使他们能保存社区历史和表达对庆典的热情。如教他们如何扫描照片，如何把照片放进幻灯片，如何在线讲述社区的故事。

他们学会了如何录下孩子们用母语唱的歌，并且做了一个漂亮的演示文稿。居民们非常担心学校被关闭，在他们看来学校是社区的中心，但社区中很少有孩子上那所学校，因此学校面临关闭的风险。我们将那个演示文稿排练了大概四遍。然后教育部部长来到学校，为他们的庆祝日做准备。

我们为她做了展示，学校得以保留，至今仍在运作。我想，这件事情的实现在很大程度上得益于原住民社区的参与，他们贯穿了研究的每一部分和每个决定。事实上，他们不希望以匿名形式参与关于社区优势的研究。他们希望自己的名字被提及。希望自己的社区出现在论文中。社区里威望最高的长者逐页阅读了我的论文并仔细勾画。我们大学邀请她在我的毕业典礼上担任演讲嘉宾。他们带她从约克半岛乘飞机过来，和我们一起在卧龙岗度过了一周。然后我回到社区，把论文的复印件带给社区成员分享，因为我想让他们知道这项研究以及他们对拯救这个社区的教育所表现出的热忱,不仅是他们庆典的一部分,也令我感到同样的欣喜。

我只是一个指路人,在一旁助力这一切的发生。我在和同事们共事,和学生们谈话,与博士生或高等学位研修生一起工作时始终秉持这种方法。我非常想看到我们合作的成果。我们计划中的合作是为实现共同的目标而一起努力。我试图以这种方式促进学习。在这张照片的右边,你可以看到在澳大利亚北部地区的顶部有一些红色标记。这里叫作阿纳姆地,在左下角的小图中,可以看到它所处的位置。我有幸去了阿纳姆地,这是我和弗洛伊德小朋友的合影。我花了一些时间在当地收集研究数据,研究儿童的真实同理心,研究住在偏远荒芜地区的孩子在社区中的交往方式,以及他们建立社区的方法对我们老师如何组织课堂活动有何启发。

这是我所经历过的一些令人惊叹且深感幸福的生活经历。我从这些经历中学到了很多,有很多故事可以讲,也有很多东西可以分享。我在这些社区里工作和一路完成学业的过程中,并没有意识到我早期职业生涯的很大一部分其实和 SoTL 相关。我一直在研究教与学,寻找教与学的最佳方法。我与社区合作,以他们已有的优势为基础,倾听孩子们的声音,倾听他人真实的想法,在实践中学习。我想大家会认同,这些事情对于开展高质量教学以及帮助人们理解我们所教授的内容十分重要。

## 3　什么是"第三空间"

但是我从来没有给这件事赋予过名字,我以前从没称之为 SoTL。10 年前,我第一次参加 SoTL 会议。当我走进会议室的时候,我想,天啊,原来他们在这里,我一直在寻找这些同行,他们理解我对学生的看法,理解我多年来对教与学的看法。现在,他们都汇聚在这里。因此我想说,如果你还没有参加过国际 SoTL 会议,那么参加一次对你来说会是非常棒的体验。

我了解到有很多来自澳大利亚和大洋洲的同行参加过 SoTL 会议,我认为这是一件非常有价值的事,值得花费时间。在这样的会议上,你可以与志同道合、理解你对教与学的热情的人共度时光,与那些不断前进的人建立联系,与那些和你来自不同学科领域的人共事,一起撰写论文、争取研究机会和经费,他们将是你志同道合的国际合作者[1]。

思考如何进步是相当重要的。也是从那时起,我开始在所谓的"第三空间"做一些工作。这就是我今天想对你们说的,我一直在做 SoTL 相关的工作,但却没有真正意识到这一点。即便我知道我在教老师如何教学,这就是我在大学的工作。我的儿子也会说,我妈妈是教别人如何教书的。第三空间中包含一部分中小学校,比如公立学校、社区学校等,我需要把我的学生送到中小学校锻炼成为更好的老师。这里我用了泽切纳的第三空间框架,他将第三空间解释为由行业和大学合作伙伴构成的空间。我借助这个理论来研究大学和中小学校如何共同努力,为学生提供更好的教育,并为我们即将成为教师的学生提供完成学位所需的实习机会。

一方面，大学需要为这个空间提供一个真实性学习框架[2]。我们知道让学生学习的最佳方式就是进入工作场所获得亲身体验。如果是老师，就让他们实践教学；如果是护士，就让他们参与治疗；如果是工程师，就让他们在工程公司锻炼。哈林顿的著作阐述了这种真实性学习经历。真实性学习框架是大学从理论视角切入实际应用的重要部分。另一方面，我们知道中小学校有高质量教学模式或高质量教学框架。该框架涉及学习的重要性，对学习的期望值，以及安全的学习环境。实际上，高质量教学框架共有 18 条标准，或者说 18 个要素。成功地在课堂中应用这些，就能为孩子们创造一个安全舒适的学习环境。我们把这两方面，即大学的真实性学习框架和中小学校的高质量教学模式结合在一起。然后在第三空间里，我们从中小学校的角度利用高质量教学模式，同时融入大学的真实性学习框架，从而帮助学生成为最好的自己。

我们中的许多人在大学的工作都与此相关，运用第三空间的概念，在做 SoTL。然而我们并没有指出这是什么行为，我们只是尽己所能，努力通过这种方式培养出最好的学生。事实上，有专门的术语描述这一行为，即教与学的研究（SoTL），该术语有助于记录我们的工作，分享相关信息。

## 4   教师培训的最佳途径："做中学"

达林·哈蒙德曾谈到与合作伙伴共事的理念。她说，教师要担心的不是教什么，而是如何教，这样教学知识才能真正指导实践，使教师成为适应性更强、能够终身学习的专家。这句话让我对 SoTL 突然有所顿悟。能够指导学生实践，并使他们成为各自领域的专家的，不是授课的内容，而是授课的方式[3]。每当人们问起我的工作以及 SoTL 是什么，我是这么解释的。它不仅关乎授课的内容，更重要的是如何用最佳方法向学生传递这些内容。其中一个方法是边做边学。我教的这门课有 270 名学生。他们都在学习如何成为小学教师。

当我刚开始在大学任教时，拿到了一份课程大纲，内容包括如何教好一堂课，如何与学生父母打交道，如何开展团队合作，以及如何处理将遇到的各种问题。我心想，这些东西怎么能在报告厅里教呢？我不可能只是站在讲台上，叫学生坐在阶梯教室里，就能让他们学会如何完成这些任务。于是我开车去了当地的一所公立学校，它叫仙女草地示范学校。我与校长见了面，解释道："我从大学来。我们有 270 名学生，我想把他们带到你们学校，在学校礼堂里给他们上课。"她说："哦，我等你很久了。很高兴你能来这里。太欢迎你的学生们来这里了。"于是我就这样做了。每年，我带去 270 个学生。把他们分成四组。A 组、B 组、C 组、D 组。他们每隔一周在周四的上午或下午来 3 个小时。在这 3 个小时里，我们先进行 1 个小时的讲授，然后有一半的人结束走进教室，在实践中寻找支撑课堂理论的证据。另一半则和我一起进行一小时的辅导，然后两组学生交换。

这种教学方法无与伦比，是教师培训的最佳途径。这种方法不仅仅是告诉学生他们应该知道什么,更是向他们展示并让他们亲身体验[4]。你可以看到他们从一开始就像专业老师一样穿着,打着领带,戴着姓名牌。虽然他们还是大一的学生,学校里的孩子们已经开始叫他们哈蒙德先生、布朗女士,他们迅速融入了这个群体。

我这样做了大概六年,此时我意识到有必要记下这种方法。我要记录组织 270 名学生所需的时间,包括让他们知道去哪儿停车,甚至如何就餐,如何与其他老师合作,以及何时去何地。这是一个庞大的工程。我致力于成为最好的老师,为学生提供最好的体验。但我之前忽略了一点,即在探索和尝试新的教与学方法的过程中,我还需要记录并分享我的经验。

在这个第三个空间里,我们通过问卷调查发现,在校学生、教师和见习教师都认为每个人都可以从这项活动中受益。这之中有人际关系、有沟通、有理解,而这些正是该项目的核心。我们发现,无论是在校学生、在校工作的老师、前来学习的见习教师,甚至是大学教职工,都相互学到了很多,在这个空间里共同成长。至今,我用这种方法教授这门课程已将近10 年。由于新冠疫情的影响,我们不得不改变方式,我稍后会讲到这一点。

## 5　SoTL 研讨工作坊

这个故事说明,有时我们没有意识到我们所做事情的重要性,以及分享我们在教和学的过程中所做事情的必要性。所以,当我们在大学里开始越来越多地谈论 SoTL,以及我们在SoTL 领域做了什么的时候,我认为有必要从源头出发探寻本质。我希望其他教师也能形成框架,系统研究与学生学习相关的问题,正如哈钦斯和舒尔曼在他们的重要著作中所说的那样。

因此我和南澳大学的同事凯伦·格林一起创建了这些工作坊,旨在让学者们看到他们的工作与 SoTL 的相通之处,帮助他们理解 SoTL 的含义,并促使他们思考如何在研究和教学中为 SoTL 做出贡献[5]。作为践行 SoTL 的人(SoTLers),我们认为 SoTL 是我们高质量教学实践的一部分。我们是否始终置身其中? SoTL 并不单指优秀的教学模式,而是指研究教与学的方式,并将这些知识应用到未来的教与学中,以便持续打磨我们的技能。

我们为教职人员设计了四个工作坊,有点类似学习午餐会,或者一种研讨会。每次工作坊结束后,大家回去阅读和思考,下周再回来,用一个小时的时间讨论我们阅读后的发现。我们还开发了一个 Moodle 网站来配合工作坊的活动。工作坊有不同的主题,正如屏幕上所显示的,分别是"学习表达 SoTL""为 SoTL 创造空间""开展 SoTL 项目""传播 SoTL研究"。

这就是我创建的四个工作坊。重要的是,既要广泛地邀请教职员工参与,也要单独发送邮件给个人,特别是那些你认为所从事的领域与此极为相关的同事。很快就能找到那些愿意花时间研究教学方法的人,他们愿意通过实践和反复尝试,优化学生的学习环境。我们主动联系他们,然后说:"嗨,你了解 SoTL 吗? 想参加我们的工作坊吗? 想和我们聊聊 SoTL

是什么吗?"这样就可以让工作坊的潜力得到充分发挥和共享,传递给全澳大利亚和大洋洲的同行们。

## 6 "T字模型"教学新模式

同时,我们与那些有意向参加工作坊的人保持联系。正当 SoTL 工作坊在大学里继续开展时,我们受到了新冠疫情的冲击。那段时间对身处澳大利亚的我们来说不同寻常,我想对每个人都是如此。我发现自己坐回了电脑前,像 20 年前一样。完全一样,只是现在我儿子已经上大学了,我讲课时他不再坐在我旁边的婴儿椅上。这张照片里的人是我,照片出现在一篇关于适应在线教学新常态的校园资讯里。我说,天哪,这些我以前做过很多次,这对我来说不是什么新鲜事。但它确实让我们重新审视大学的教与学,以及我们对自身教学方法的思考。

我不知你们是否有同感,我也很想知道中国那段时间是什么样的。对我们来说,我们突然看到了学生的另一面,我们以前从未真正看到过的一面。尤其是那些没有花时间了解学生另一面的学者。由于新冠疫情,许多学生无法走出家门,心理健康受到影响。大一学生在网上完成所有课程,从来没有体验过大学社交,因为他们一直坐在电脑前。这让大学和学者们再次陷入思考,说再次是因为我认为这种情况已不是第一次发生。我们好像进入了某种循环,回到了大学曾经的样子,同时我们开始把学生当作一个完整的人来对待,而不仅仅是一个等待填充特定学科知识的空瓶子。他们有感情,有挣扎,有烦恼,有沉重的压力,同时也被世间的问题所困扰。这促使我们的大学开始讨论如何解决这个问题,如何帮助学生,以及大学究竟是做什么的。我们有一个叫作"指南针"的框架,它可以创造一条通往自我意识的途径,提高学生的幸福感,帮助他们为未来的毕业做好准备。

我们想要确保学生准备好迎接未来,健康得到保障,可以及时获取支持,保持身心健康,确保他们在人生启航的时候知道如何与人交往,如何树立自我意识。所以我们讨论的不仅仅是教学的问题。我们突然对学生的幸福感以及他们作为人的本质产生了浓厚的兴趣,并将此纳入我们在大学的工作。可以说,新冠疫情改变了我们对大学教和学的看法。在我所在的大学,学者们谈到,通过在线平台他们可以比以往任何时候都更多地与学生建立联系,比如通过 Zoom,就像我现在正在做的这个录像。

你可以看到学生所处的环境。有时你会在镜头里见到他们的父母。有时学生的外婆坐在一旁,因为外婆从来没上过大学,她也想看看大学是什么样子。还有可能看到猫咪经过,猫尾巴在屏幕上一闪而过。我见过学生坐在车里学习,因为他家里有五个兄弟姐妹,在家里无法集中注意力。所以他们带着笔记本电脑坐在车里,这样就可以专心上课。可以说,我们之间的联系越来越紧密,仿佛电脑屏幕既是一道屏障,同时也是一个有效的过滤器。它让学生们敞开心扉,畅所欲言,更自在地和我们这些学者进行深入对话。随着我们的教育工作不断推进,这种观念渐渐使我们的工作重点转移到一种更全面的教学方式上。

我最近和一些优秀的同事发表了一篇论文,其中讨论了 T 形学生的概念,这张图可以帮助大家理解 T 形学生的含义。字母 T。过去我们认为大学的本质在于学习的深度,也就是垂直领域的知识。学生要学习学科知识,要跟随大学老师进行深度学习。现在,由于新冠疫情和世界上发生的各种事情,我们也开始着眼于 T 字上方的那条水平线。我们称这条线为软技能或交叉能力,我们从学生身上看到了这些竞争性需求。生活变得越来越复杂。工作模式也在改变。他们面临着更多的紧急需求。因此,我们不仅关注学生在某一学科上的学习深度,还关注他们跨领域的技能和态度。

根据这张图片,我们创建了一个模型,叫作 T 字模型或 T 字模式。图片中,我们熟悉的深度知识、学术技能、探索能力、研究能力列在垂直方向上,像 T 形人的身体躯干。上方的横轴是一些我们所说的软技能,比如生活技能、批判性思维、全球公民意识、团队意识、沟通能力、解决问题的能力等。历史上,我们经常高等教育领域开展竞争,SoTL 和高等教育研究之间的竞争。

我们想说的是,也许 SoTL 与高等教育研究并不是平行的研究。图片中这条线,将深度学习与上方的软技能和其他重要技能联结在一起。周围还有很多缠绕的线。我们可以想象线条不断这样或那样地交叉,将学生与他们的软技能和希望从大学汲取的学科知识联系起来。

我和我的同事们认为这条线就是 SoTL,就是它把所有东西联系起来。我们研究的是教学方法,这是一门学科,而我们如何传授教学方法,以及如何让学生了解这门学科,就是 SoTL 代表的那条线。因此,大学开始以全面的眼光看待学生,对他们进行更全面的教育。

我们关注脑力,因为领悟力强的人思维活跃,愿意持续学习。同时我们也关注学生的精神健康、情绪和身体管理、我们的大环境、与他人的社交互动,以及对位置感和目标感的精神解读。很多大学开始关注如何实现这一目标。我们如何确保为学生生活的各个方面提供支持,使他们准备好成为社会中积极向上的一员?我们如何确保他们在接受良好教育的同时,保持健康幸福的状态?[6]

这些年来,学者提出了不少框架。密歇根大学研究了大学的健康服务,"一次一步,一次一个决定"发展旅程,以及学生学习的整体方法。在卧龙岗大学,我们有一个幸福之轮项目,世界各地的研究结果表明,人越健康,创造力、生产力和解决问题的能力就越强。从健康的角度来看,当你身体健康时,你不容易患感冒、感到疼痛或旧伤难愈,而且更乐意学习和更长寿。明尼苏达州的古斯塔夫·阿道夫学院提出,人们渴望分享想法、信息、灵感来提升幸福感,这些都与该学院在社区、公正、服务和信念方面的卓越价值观一致,即让世界变得更美好,让学生发展知识和技能,过上有意义且平衡的生活。

我们看到,许多大学提出教与学或 SoTL 模型的时候,都会在学习过程中加入对健康和幸福的考量。这些模型和发展前景告诉我们,高等教育要培养的是素质全面、适应力强、做好职前准备、有批判性思维和解决问题能力的毕业生,同时还具备未来十年全球高校所关注的学科和跨学科能力。所以,在推进 SoTL 发展的过程中,我们可以思考一下 T 字模型,以及 SoTL 如何成为确保目标实现的那条线。

# 7　结语

在这一领域,我非常希望能在中国和澳大利亚的大学之间建立一个更强大的联系网络,组成研究团队,共同努力为 SoTL 树立声誉,提高我们的教学质量。让我们共同撰写论文,提高期刊排名,围绕 SoTL 进行广泛研究。目前在人们的观念中,SoTL 尚不具备独立学科的学术声誉。要使 SoTL 取得正式学科的地位,我们的工作质量必须在客观上达到学科研究的水平。我相信参加此次会议的嘉宾,以及全球范围内的同行,都有很强的能力,完全可以在 SoTL 领域产出高质量的成果。我们用许多与 SoTL 相关的单词组成了一个图形,其中这些放大的词语是想表达,我们非常希望越来越多地开展合作。

我们需要构建一个世界范围的平台,里面充满合作机会,我们相互包容、互助共享,对学生充满热情,包容所有的人,对教与学满怀热忱。这个平台里的人都明白 SoTL 的重要性。不仅关注大学内部,也要面向外部,将眼光投向大众,做开放的 SoTL。这也是今年我们在国际协会的国际协作写作组所关注的内容——面向公众的 SoTL 是什么样的。这幅图里的一些词汇出自我们 SoTL 宣传组的成员,意在表明归属感、不断为社会谋福祉、倾听学生的心声是 SoTL 的关键组成部分。我希望今天参加会议的嘉宾中,有人认同这个想法。

我们能做些什么呢? 我们应该怎样为此努力呢? 我们需要建立统一战线。我们需要开展国际合作。我们需要更多人成为 SoTL 的成员,加入这个团队,传递 SoTL 的声音,参加我们的会议。今年的会议将于 11 月 2 日至 5 日在加拿大不列颠哥伦比亚省的温哥华举行,国际学者和教育工作者将齐聚一堂,分享他们的工作,讲述我们的共同努力,探讨如何改善高等教育的未来。最后在这里,我想说,工作繁忙是我们的常态,我们比以往任何时候都更忙,但我们的工作也比以往任何时候都更重要。

我们在高等教育中所做的不仅仅是生产研究成果,更是为我们的学生在教与学的过程中提供支持,彼此分享经验。通过这种方式,我们努力培养心智健全、无惧未来、备受关心、关爱他人的学生,并尽己所能为他们的学习之旅保驾护航。

再次感谢组委会的邀请。感谢口译员花了很多精力来帮我翻译。衷心感谢你们付出的时间和心血。希望我讲述的内容有助于你们今后两天会议的讨论。再次感谢大家,期待通过 Twitter、电子邮件、Facebook、WhatsApp 或其他任何方式与你们联系,共同继续这一重要的 SoTL 旅程。

**参考文献**

[ 1 ] ANDRESEN L W.　A useable, trans-disciplinary conception of scholarship [J].　Higher Education Research & Development, 2000,19(2): 137 - 153.

[ 2 ] BREW A, GINNS P.　The relationship between engagement in the scholarship of teaching and learning

and students' course experiences [J]. Assessment & Evaluation in Higher Education, 2008,33(5): 535 - 545.

[ 3 ] ELTON, L. Dimensions of excellence in university teaching [J]. International Journal for Academic Development, 3(1),3 - 11.

[ 4 ] GRAHAM, GIBBS, MARTIN, et al. The impact of training of university teachers on their teaching skills, their approach to teaching and the approach to learning of their students. [J]. Active Learning in Higher Education, 2004.

[ 5 ] HEALEY M. Developing the scholarship of teaching in higher education: a discipline-based approach [J]. Higher Education Research & Development, 2000,19(2): 169 - 189.

[ 6 ] TRIGWELL K, SHALE S. Student learning and the scholarship of university teaching [J]. Studies in higher education, 2004,29(4): 523 - 536.

# SoTL: our time is now

## Michelle J Eady

**Abstract**: This paper is based on the conference presentation given by Professor Michelle J Eady of the University of Wollongong, Australia, at the 4th Chinese Scholarship of Teaching and Learning Meeting. The presentation focused on the theme that SoTL does not only refer to teaching and learning models, but also to the study of teaching and learning approaches and their application to the future of teaching and learning. Based on her own rich teaching practice, Professor Eady shared how to explore the best ways of teaching and learning through teaching scholarship to facilitate students' construction of new learning experiences and innovative development. Secondly, Professor Eady focused on the best way to train teachers: "learning by doing", emphasizing that the key to teaching is not only about the content, but more importantly how to best deliver that content to students and let them experience the organic integration of the university's authentic learning framework and the practice of high-quality teaching models. Finally, Professor Eady revisited teaching and learning at the university to explore new models of teaching and learning that promote the development of the whole student, proposing the concept of the "T-model" in which teaching and learning promotes not only deep learning and exploration in the vertical direction, but also the development of soft skills or cross-cutting competencies in the horizontal direction.

**Key words**: teaching scholarship; learning by doing; T-model development

# 利用自然鼓励学生学习中的创造力和乐趣

帕特里克·T.马赫

（陶　庆　译　柏金妍　整理）

**摘　要：** 本文根据加拿大尼皮辛大学帕特里克·T.马赫(Patrick T. Maher)教授在第四届中国高校教学学术年会上的大会报告整理而成。报告主要围绕如何通过接触自然来激发学生学习的乐趣与创造力的主题展开分享研讨。马赫教授首先基于欧美国家调研数据对信息时代人们如何沉溺于数字世界以至于与大自然疏离并进一步影响其身心健康进行了广泛探讨。接下来，马赫教授进一步深入探讨在高等教育阶段，教师和学者应具备创造力，开展户外教学，包括如何平衡虚拟空间与教室空间、户外空间，如何在保障学生安全与教学质量的情况下，利用大自然激发学生的创造力和学习兴趣，给学生更优质的教育。最后，马赫教授结合自身经验深度探讨了如何在课程教学中，尤其是后疫情时代线上线下混合式教学中，将自然、创造力、乐趣三者有机融合并发挥最大作用，创造一个师生间互相促进、互相成就的教学环境至关重要。

**关键词：** 户外教学；学习兴趣；创造力；混合式教学

## 1　引言

感谢各位邀请我参与此次会议。很高兴能与在中国的诸位同道相聚云端。我是帕特里克·T.马赫(Patrick T. Maher)，尼皮辛大学的教学院长兼体育与健康学教授。今天，我想与大家谈谈如何通过接触自然来激发学生学习的乐趣与创造力。在正式演讲之前，首先我要表达对原住地和原住民的认可。在开展活动之前，表达对原住地和原住民的认可，是加拿大高等学府的惯例。尼皮辛大学，我今天和大家见面的地方，是 1850 年《罗宾逊·胡伦条约》(Robinson-Huron Treaty)签约的地方。这片土地也是我生活和学习的地方，是尼皮辛第一民族的传统领地，也是 Anishnabek 族群的传统领土。我知道在座各位是通过 Zoom 录制来听我报告的，你们来自世界各地，在此相聚，应对彼此表示尊重。我很高兴能够通过这

---

**作者简介：** 帕特里克·T.马赫(Patrick T. Maher)，男，教授，加拿大尼皮辛大学教学院长。

**译者简介：** 陶庆，男，副教授，上海交通大学外国语学院，邮箱：taoqing@sjtu. edu. cn。

**整理简介：** 柏金妍，女，咨询师，上海交通大学教学发展中心，邮箱：jybjd@sjtu. cn。

种方式与来自五湖四海的同仁相聚。开场白就讲这些。

我所在的地方离上海很远。这张谷歌地图告诉了大家北湾的位置。北湾位于北美大陆中部,尼皮辛湖岸边。同各位比较熟悉的北美大陆中心的大湖相比,这个湖很小。从谷歌地图上可以看到,这里飞到上海需要一天多的时间,机票价格近四千加元。大家应该可以大概知道我的具体位置了。

托尔金的作品总是充满非凡的创造力,我在此引用他作品中的一句名言,"迈出自己的院门是一件危险的事"。我们都知道,在当前环境下,新冠疫情仍在全球肆虐,欧洲的俄乌冲突不断升级,我们面临重重危险,但仍须勇往直前。下面我们要看到的这张照片摄于 Ted Harrison,这是一张极具加拿大特色的照片。我想这样的开场白有一点文学性与艺术性。以下是我的正式报告。

现在谈谈具体内容。为了让大家更好地了解我,我想介绍一下自己作为学者、普通人、研究者、教师的多重身份。然后提供一些演讲的内容和背景、模式、可获得性、公平性、多样性与包容性。我会讲一些案例。这些实例将自然、创造力与乐趣相结合,能够提高学习成效,也能提高学生的成功率。目前,我们仍处于这场始于 2020 年 3 月的大流行病的后疫情时代。我想谈谈我们应如何向前迈进。这个新常态是什么样子的? 最后,在接受提问之前,我将为大家做一个总结。

在家我是丈夫,也是两个 7 岁和 11 岁男孩的父亲。我喜欢户外运动,滑雪与划船都很喜欢。从这张照片可以看出,我是一个乐高迷。生活中我是这些角色的综合体。我的孩子们总爱把我们的乐高带到外面,创造一些像这样的滑稽场景。大家可以看这张图,一个小的乐高人偶在雪堆里,拿着超微距镜头,看起来像他和他的两条狗一起去探险。

从学术角度看,这张幻灯片反映了我专业知识的多样性。我是土生土长的加拿大人,作为一名英联邦学者,我在新西兰坎特伯雷的林肯大学获得旅游和环境研究方向的博士。之后在北不列颠哥伦比亚大学(UNBC)工作。这段经历让我获得了 3M 国家教学奖,这是加拿大最负盛名的卓越教学与教育领导力大奖。之后,我还获得了国际教学研究会的大奖。这一奖项是我在尼皮辛大学任职时获得的。由此可见,我是一名受人尊敬的教师、研究者和学者。此外,我还担任加拿大皇家地理学会和纽约市的探险家俱乐部的研究员。这是我从事的学科,涉及旅游、户外娱乐与户外教学。我也是一些编辑委员会的委员。我从 2012 年起担任国际户外教育研究指导委员会委员,主持国际极地旅游网络和北极大学北部旅游专题网络研究。以下是我编辑的部分书籍。

以上是学术方面的自我介绍。我在高等教育体制下从事教学学术研究多年,今天我以尼皮辛大学教学中心的负责人的身份参加这场会议。尼皮辛大学的教学中心是我们对卓越领导力、对高等教育领域实践与学术研究创新的产物。一直以来我们也致力于探索如何通过言传身教成为更好的教师,以及如何做好这方面的学术研究。对我来说,作为教学中心的负责人,我要考虑的是如何在更广泛的范围内做到这一点,如何激励其他教工,让他们充分施展才华,发挥创意。

## 2  提升学生创造力、乐趣所面临的挑战

言归正传，我要进入演讲的核心内容了：自然、创造力与快乐。其中有些感悟是我从攻读博士期间才开始有所体会的。这些是新西兰的照片。我之前引用托尔金的话并非巧合。请大家先看屏幕左边这张照片。这是新西兰北岛中部的汤加里罗山口。它是彼得-杰克逊的电影《指环王》与《霍比特人》中许多场景的取景地。

在新西兰的时候，我经常去户外探险，像这样在汤加里罗步道徒步。有一天，我遇到了照片上这个人，他坐在路边玩电脑，这是在 21 世纪初发生的事，因此不同寻常。彼时人们无法便捷地通过 Twitter，Instagram 等社交软件上传照片，因为那时尚未出现智能手机。照片上的这位男士，他对自己身处之地非常兴奋，拍了成千上万张照片。但那时的 SD 卡无法储存这么多照片。因此，他不得不带着电脑，把 SD 卡从相机里取出，把所有的照片都转存到电脑上，再把卡插回相机，这样才能记录下更多路上的美景。他只是一名普通游客，我也不记得他是哪里人，反正不是新西兰人，他一路就是这么做的，带着自己的笔记本电脑，徒步行走在新西兰壮美的自然景观中，手提电脑纯粹只是一个存储设备，因为他的相机存不下那么多照片。这体现了巨大的创造力，是解决问题的最佳方式。世界这么大，他想去看看。他想体验快乐。只是在 21 世纪初，科技还没有这么发达，限制了他做自己想做的事。

我在这里给大家几个数据，部分来自美国，部分来自加拿大。这些数据体现了如今我们是如何沉溺于数字世界，对大自然视若无睹。这是美国的数据。我们可以看到，在美国，每天有 29％的婴儿，或者说一岁以下的孩子，看电视或视频的时间超过一个半小时。作为两个孩子的父亲，这一数据让我震惊。我的两个孩子在 8 至 18 岁的年龄范围内，这个年龄段的孩子平均每天看 7 小时 11 分钟的电脑或电视。这是这个年龄段孩子屏幕使用时间的平均数，不是我自己的孩子的数据。作为一名户外教育提倡者，我希望我们的孩子观看屏幕媒体的时间越少越好。但令人唏嘘的是，如果平均数是 7 小时 11 分钟，肯定有很多孩子收看的时间更多。而到了 8 岁，96％的孩子已经看过电视，90％的孩子使用过电脑，81％玩过视频游戏，60％玩过手机游戏。这些数据对我来说，表明了我们对虚拟世界的沉迷以及与自然环境的脱节。

尽管十个加拿大人中有九个会说，比起整天对着手机，他们宁愿花更多时间接触大自然。但事实却是，大多数人终日在室内和手机电脑打交道。我们 90％的时间都在室内度过。只有 28％的学生每天步行去学校。110 万加拿大人患有维生素 D 缺乏症，也就是佝偻病。不过现在，这些都过时了，因为这种新"黑莓"已经不复存在。但 10 多年前，他们对"黑莓"一词进行了重新定义——黑莓手机应运而生。这是我们现在要面临的问题。我认为，随着全球疫情不断蔓延，我们已经看到了转变的征兆，这不仅是亟待关注的问题，更与公众健康息息相关。稍后我将对此做出详细说明。

这里最关键的问题在于，现代人，尤其是现在的孩子们，已经被剥夺了可以四处漫游、闲

逛的权利。英国的一项研究也充分证实了这一点。这些是曾祖辈、祖辈、父母辈和现在的孩子们在 8 岁这一特定年龄，可以外出漫游的区域范围。我们可以看到，100 年前，当曾祖父乔治 8 岁时，他可以长途跋涉 6 英里（1 英里＝1. 609 千米）去钓鱼。他能从家出发，一路走到这儿。而在 20 世纪 50 年代，祖父小时候，活动范围的半径约为 1 英里，足够他探索森林的奥秘。1979 年，我们的父母也可以走半英里到游泳馆。而如今，8 岁的小 Ed 却几乎无法走到这条街的尽头。由此可见，不同时期，社会所接受的规范与制约有所不同。在谈论社会时，我把加拿大、美国和英国社会一并囊括了，因为这些国家情况很相似。中国可能也是如此，或许略有不同。尽管不了解，但我可以大胆猜测，在如今的大环境下，中国的情况也大抵相同。我们都失去了在外闲逛的自由。这会带来很多影响，意味着我们越来越难以感受到户外生活的乐趣，时间被电子产品挤占，暴露了更多的问题。这里有一篇新闻报道，谈到我们应该通过多接触自然、亲近自然，来弥补长时间盯着屏幕所带来的危害。这篇报道写于 2014 年。可见我们早在新冠疫情前就意识到了这个问题。如今，这一情况愈演愈烈。在我看来，真正认识这一问题还得源自我们生活中的一些日常事务。

如果我把这张幻灯片给加拿大的孩子看，他们大多数都至少可以认出这些符号中的三个，或许至少一个，但不会认识全部。他们会告诉我这是耐克的对钩，那是麦当劳的金拱门。那是苹果。只不过他们说的并非实际意义上漂亮的苹果园，而是苹果公司。如果幸运的话，他们可能还会告诉我们，这是一只鸟，但可能无法认出是一只黑帽鹰。他们无法辨认出那是松貂，不能认出那些是叶子。这就反映了我们和自然的脱节，存在于日常生活的方方面面。我们谈论 Twitter 时，我们谈的不是树上的啾啾鸟鸣，而是手机上的社交软件。即使是年轻的孩子，我们最寄予厚望的下一代，他们最熟悉的也是各种话题标签、广告符号，而非真正意义上的玩耍，比如捉迷藏，他们也体会不到亲近大自然的美妙之处。同时，即便我们想走出房门，走进自然，我们也总是随身携带那些电子设备。我们就和这些孩子一样，虽然身在户外，却把手机枕在胸前睡去，只留下晒伤证明我们来过户外。大量文献反映出儿童的现况，这些研究成果同样适用于高等教育，无论对疫情期间还是疫情后期都适用。所以我的报告中有一部分可以说是老生常谈，与 2014 年、2016 年、2018 年的状况都有共通之处。

## 3　户外教学的价值

一场疫情席卷全球，为保护公众健康。人们在室内的时间更长了。我们在室内都戴上口罩，时刻谨记保持社交距离。而走向户外却能为我们提供解决问题的新思路。

如果你能拉开舒适距离，到通风更好的户外去，这对提升教学质量与学生积极性都大有助益。至少在加拿大，户外课程极受追捧，因为这能够提高学生的安全意识，提供更好的学习场所，在疫情之后亦是如此。我作为这一观点的拥护者，在此也想号召各位通过接触自然来提高创造力。每当我听到这些想法，都不禁在心中欢呼。因为这一切是我内心想法的重现，体现了我多年来反复重申的观点。

但我所说的并不是呼吁大家把室内的东西搬到室外。请看这张照片，是一张帐篷，里面是典型的室内学生课桌，只是这张帐篷被放在了户外的游戏场上。我认为我们能做的远不止于此。作为家长，作为一名教育工作者，作为教育系统，我们可以做得更多。从幼儿园到小学，再到大学，应该一以贯之。

事实上，有些文献已充分肯定户外教学的价值[1,2]。户外活动使孩子们更聪明，这一点不可否认，同时激发了创造力。通过自由地漫步与玩耍，大脑功能得以进一步开发与完善，这一切都有利于提高学习能力，开发创造力，并且有助于提升学习乐趣。

## 4 影响户外教学开展的因素

现在来看看高等教育，我认为将高等教育单独划分出来很重要，因为现在我们谈论的是更年长、比孩子更有选择权的成年人。然而高三学生和大一本科生之间，其实没有实质性的区别，至少在加拿大是如此。大学生们正源源不断涌向户外教育项目。所以户外项目这一块做得很出色。如今，人们整天在 Zoom 参加各种线上会议，因而需求激增。

下面我们的谈话将真正开始，围绕户外教学何以被视作一笔疫情所带来的精神财富[3]。它促使我们走进大自然，切身感受之前来不及感受的一切。随之而来的是教师和学者所需具备的创造力，包括我们如何权衡事物，如何平衡虚拟空间与教室空间、户外空间，如何在保障学生安全与教学质量的情况下给学生传授更优质的内容。这是个宏大的话题，也是一项艰巨的任务。但我认为，在过去两年中，我们确实已经达到了这个要求。

现在各位已经对我的学科领域有所了解，我谈到了户外教育、娱乐与旅游。你可能会说，"这很容易啊，Pat"。当你在做这些需要亲力亲为的事情时，把自然和乐趣融入其中易如反掌。但我想说，学科领域在很大程度上并不重要。你可以在历史课上这么做，可以在物理课上这么做，也可以在工程课上这么做。几乎所有课程，都能把自然与乐趣融入进来。可能性有千万种。我们几乎可以在所有的学科中涵盖户外与自然，在每一门学科充分利用创造力。这会给你和学生们带来更大的快乐。

但还有许多因素需要考量。你所需要考虑的不应仅局限于在小班还是在大班开展户外课程。你应该考虑，如果我上的是一年级的课程，我想要更好地传授内容，是否应该开展户外活动？创造性与乐趣真的是我需要的吗？还是说只有在更高年级的研讨会、结业课程或是人数较少、专业性较强的课堂中才应如此？应该选择浅尝辄止，还是不断推敲、仔细琢磨？应该在哪里融入自然，又在哪里将乐趣与创造力融入其中？在我看来，关键之处并非在哪个节点引入，而是自然、创造力、乐趣这三者如何相融恰，并且发挥最大作用。只要你愿意尝试，它们就会带来无限可能。比方说我在教一门旅游课程，我想给学生们介绍旅游运营商，如果采取这种模式，我们就该去实地拜访运营商，亲眼看看他们的业务。这样，他们对于实践学习、企业经营及须遵守的规定也就有了自己的心得体会。而这一模式对于在户外听讲座也同样奏效。我知道当我身在户外，注意力会更分散，很容易因鸟鸣或一旁的美景分心。

但我认为身处大自然,远比被困在教室,面对四堵墙更自在。我之所以会有这般感受,一定程度上取决于地理因素。加拿大地广人稀,公园随处可见,因此我可以带着学生去充分感受大自然。在尼皮辛大学,我们的校区紧挨着一片丰茂的森林,一座静谧的湖泊,给我们带来绝佳的户外体验。我知道对你们中的许多人来说,情况并非如此。如果你在一个比北湾大得多的城市上大学,那你可能会受到更多的地理因素的限制。认识到这一点很重要。我不会给出一个自然、创造力和快乐的固定模型。我想表达的是,各位可以因地制宜,在不同层面实现以上三者的融合。

再来说说环境,我认为环境也很重要。我们现在来讨论一下,这一类型的学习方式适用于哪些场景,以及相应的风险类型[4]。如果你在一所研究型大学任教,或身处研究型岗位,你要如何将这种离群索居的教学法付诸实践?也许你身处更注重文科的体制,非常适合将自然界的户外活动,以及关于文学和绘画的创造力都融入商科课程,但或许并非如此。我认为这与大学以及课程的体量有关,也与体制的组织方式有关。我个人认为,在规模较小的研究生研讨会上,与学生一起采用这一学习方式会更容易。因为作为一名终身教职教授,我可以这么做。但如果你并非终身教职,是需要每隔几年续约的新教师,你就很难承担这些风险。但我个人看来,承担这些风险是必要的,因为你会发现这些风险,在当下或是将来的某一天,会给你带来回报。不仅仅是因为这样能有效控制疫情,也因为这样可以提高学生的学习兴趣,还会在许多其他方面会带来你意想不到的好处。

我想重申一遍,户外教学大抵也由模式控制。我可以告诉你,将自然融入现场课程、面对面课程会产生绝佳的效果。但是,自然应如何与在线课程相适应呢?我举一个简单的例子。几年前,我有一门在线课程,我们让学生出去接触自然,无论他们在哪里,在他们的家庭或是社区,都要完成这个任务。但在户外活动之后,他们必须把成果带回在线课堂。我们要求他们回来分享自己制作的艺术作品,或是拍下的美景,或是写下的诗歌。他们由此拥有了这种融合的经验。因此,即使是在线课程也可以做到这一点,只是需要我们考虑得更充分、更周全一些,从而确保活动顺利开展。

我建议,针对授课部分,各位可以在户外讲课,在草地上享受明媚时光,在阳光沐浴下谈天说地。我认为户外教学最大的亮点在于学生可以在体验式学习中巧借自然与创造力,并基于这种体验进行交互式学习与反思。

## 5 混合式教学:自然、创造力、乐趣有机融合

我在这页 PPT 最后留下了两个问题。都没有答案,因为我认为这涉及一种平衡。到底什么是最优解?这一问题的答案在不同环境、不同学科领域中是不同的,我在前两张 PPT 中已经解释过了。这也取决于你的身份,取决你能掌控什么。我对如何教学、对如何传道授业解惑很有把握。因为我不从属于某一个具体的学科,我是一名终身教职教授,我的学科领域允许我选择冒险。但我知道并非每个人都能如此。我只是给各位提供一些可能的思路。

无论如何，即便是我强烈推荐，选择权还在你们手中。

在加拿大的大环境下，我想到两个大的主题领域，也许其他地区可借鉴。一个是关于可及性。在加拿大，如今大学教育的可及性非常重要。当我们希望学生所掌握的一切都在课堂与校园中有迹可循，一切就会变得容易很多。越过崎岖地形去观看灌木丛中的雏鸟鸣叫，此类事情可能不是每个学生都能做到。作为一名教师，必须认识到这一点，或者说必须考虑到这一点，必须适应这一点。我在纽芬兰有一位出色的同事，费了很多功夫，让残疾学生能够到户外活动，这让我感动不已。也有大量文献与技巧讲授如何可以在这方面做得更好。

当我们谈论公平、多样性和包容性时，我认为关键之处在于，要让学生感受到，我们为他们提供的机会是他们感兴趣的，他们希望投入其中，更能从中感受到平等与公正。我们的教室也不应只是产出一批批完全相同学生的饼干切割器。我知道在加拿大，在尼皮辛大学，国际多样性还很低，但我们正在努力让更多不同观点，无论是原住民还是有色人种，都在课堂上呈现。无论是线下课堂还是网络课堂，都应该鼓励学生多元化发展。

现在我来从两个领域给大家举一些例子，来展现自然、创造力，再融入一点现代科技，与学生的学习乐趣相融合。这些例子源于 20 年前我从理查德·罗夫（Richard Louv）那里听到的一些话。他是《林间最后的小孩》的作者，我现在套用他的一句话："我们在网络课堂上花的每一分钱，都应该在实践学习中同等投入"[5]。我深有同感。因为我从事的学科非常注重实践。但学科可能抗拒变革，它们有时会对技术介入产生恐惧。是这样吗？可我们已经迈入在线学习的阶段，尤其是经过了疫情，线上教学已成为新常态，我们亟须考虑线上线下教学模式如何相辅相成、互相支持。

这里要给大家举的第一个例子真正触及了这一概念。在虚拟世界中，我们应如何利用与人和土地的关系？这是我与北极大学及其北部旅游专题网络长期合作研究的一部分。北极大学，是一个类似于大学俱乐部的组织。其成员遍布环北极地区与北极地区，在不同项目上进行合作，专题网络专门负责北部旅游业务板块。这些项目我们已运行了十多年，涉及以下这些机构：冰岛大学、拉普兰大学、芬兰奥卢大学、挪威北极圈大学、于默奥大学、温哥华岛大学。这些都是与我有过合作的学府。

我从 UNBC 起步，转到卡普顿大学，现在落户尼皮辛大学。这一合作的主要内容是从挪威国际合作中心获取一部分资金，再从 Nordregio 研究机构得到一部分资金。我们一直试图努力开展一个合作教学项目，可以涵盖以上所有内容。我们想成为创新者，想发挥创意，让学生充分参与户外活动，也想让他们投入在线课堂。但由于我们分布在北极圈的各地，即便我们每次都很想见面，却无法真正相聚。因此，在线数字领域就有了用武之地。

我们确实做到带学生们领略世界各地的美景。这是挪威北部的瓦朗格半岛。这是俄罗斯的景色一览，这已经是大约六年前的事了。我们到访当地，让学生接触实地课程。我们带他们结识社区成员，相互交流，领略当地的壮美景色。我们想让学生们沉浸式参与许多当地的创意活动。在这门课程中，我们专注观鸟、观鸟旅游业，以及观鸟者如何在当地的生态系统中游刃有余地活动。因此，学生必须发挥创造性，从观鸟者的角度，设身处地思考什么营销策略会奏效。他们还得与社区成员沟通，得知他们"很喜欢这些观鸟者，因为他们大大拉动了消费，只是有时来访者太多，也会造成困扰"。融合创造性的概念相当有趣，我们对学生的要求绝不止步于让他们写一篇关于观鸟旅游业的文章，而是希望他们能看到现实中真正在上演的事，并切身参与、投入其中。

这样的课程提供了很好的机会，接下来就让我们转战线上课堂。我们开设了两门关于可持续旅游发展与北部游客、北部原住民的在线课程。我们通过 Moodle 和 Frontier 软件运行这些课程，同时为日益壮大的学生群体创建 Facebook 小组，而这些在线课程是处于静态之中的。我的意思是，我们曾试图加入学生讨论，并插入视频，但这是 2015 年的情况。我们有很多 PPT 讲座，也配有旁白等。

六年以来，我们从一门课程做起，一开始只有来自 17 个国家的 33 名学生，队伍不断壮大，时至今日，至少有 300 名学生参加了这些课程，还有 190 名毕业生。有 40 人参加了全部三门课程，获得了结业证书。整个教学计划都始于我从 Richard Louv 处获得的启示，并对其进行整合。我们试图把不同国家的学生聚集在一起，通过在线学习增强实践学习的效果。这一切都基于建立关系与信任之上。我相信我的同事们可以教给学生们很棒的课程，他们会吸引一群优质生源。而学生也相信我们会为他们创造美好的体验。这一切都不涉及发明创造，而是集体智慧的体现。虽然这些令人向往的美好场景都发生在这场疫情之前，但它也表明我们可以做得更好。然而我们不能孤军奋战。我们需要勠力同心，合作共赢。

现在，我想介绍另一个小规模项目。在卡普顿大学工作时，我们确实处于土著定居者关系研究的最前沿。这也是我们充分发挥创意，与大自然连结，同时充分探索土著历史的一种方式。如今在加拿大，有很多关于与土著人民和解的对话。在这个特定的作业中，学生们必须出去体验，并在归来后交流心得体会，告诉我们他们在认知和情感上的反应，以及从中获取了哪些经验。这不是一篇命题作文，而是创意写作。他们有充分时间可以完成这个作业，这一点也很好。如果想知道如何在特定课程中采用这种方法，这份作业实际上来自研究方法课程，可以说在所有学科中，这是最无聊的课程。因此，这就是你如何创造性地引入一些重要的内容、快乐的内容、有时也是困难的内容，因为这是一门有关真相与和解的课程，同时也鼓励人们出去拥抱自然，走走金岛小路，参观瓦格马图克文化与遗产中心。

在一门类似课程中，也体现了评估策略的创意。学期结束时，我们会让学生谈谈在这门课程中学到了什么。这对学生而言是个很好的机会。我们当然可以让他们写一篇 5 页的文章，或在课上做个 PPT 介绍。但我们选择让他们自己创办博物馆展览或是艺术展，来分享这门课的收获。设展完成后，我们会安排学生在学校的中庭统一开设展览。我们邀请所有学校高层，还有学生们的亲朋好友来参观体验。我认为，在某些方面，一些创造性的方法，是对学生综合能力的考验。一开始他们可能不太适应这种评估方式，宁愿写一篇 5 页的文章。但在展览结束时，当他们完成了所有任务后，一定会对自己的成就备感欣喜。

下面我们前进一步，思考一下这场疫情之后的新常态。我们要善于分析形势。请大家看这张照片。这张照片摄于南极洲。我把它放到今天的报告中，因为我认为，在我们的新常态中，当我们对自然、创造力、乐趣、学生的学业及其与大自然的接触进行思考的同时，也不能忽视气候变化。这是一张有关气候变化的幻灯片。我们不能将其抛诸脑后，想当然地以为疫情已经离我们而去。事实是暗潮仍然汹涌。所以，我们应该意识到大自然在不断变化。如果我们想要充分发挥创造力，我们就应该想出有创意的解决问题的方案，也要努力让学生们做到这点，只有这样我们才会拥有光明美好的未来。

这是我这部分的第二张幻灯片——我们是大自然的一部分。在我的演讲开始时，我似乎有点把自然单独拿出来讨论，与人类割裂开了，但事实并非如此。这是一张挪威的照片。你可以看到小草在屋顶上自由生长。我认为在挪威文化中，自然与文化是密不可分的。这一理念深深根植于每个挪威人心中，部分原因是他们的滑雪传统，但也有其他各种因素。我认为在全球范围内，我们都需要考虑这种联系，这种纽带。我们需要思考艺术、文学以及其他具有创造性的精神追求如何使我们更接近自然，如何弥合这种鸿沟。

最后，对话的另一关键之处在于我们与土著人的关系，至少在加拿大是如此。这关系到双方对和解问题的看法，是一个不断演变的过程。在关于非殖民化的对话中，大学和学生都扮演着至关重要的角色。我认为，随着这一过程开展，学生们会学到很多，课堂内容更丰富，也能通过户外活动获得更多启示。这一切都很有价值。

# 6 结语

现在，我想给出一些总结。我还没有正式给出先前问题的答案。当然，问题总比答案多。但我们应该把握问题的关键，在这场全球疫情始末，灵活性始终是重中之重。我们必须灵活看待同高等教育相关的问题。课堂与教学不再是像饼干切割机一样，有一个标准化的公式。我们不能继续如此，因为我们也找不到公式化的解决方案。我把我在课堂上有效的方法与诸位分享，但可能对你们的课堂并不适用，或对你们的学科、任教的国家，或你们的学生都不适用。然而我们每个人都需要做到的是，展现出一点谦逊和同理心，并大胆承认这套方法并不会在所有地方都奏效。但教与学是一种互相滋养的关系。我想在以前的会议上，诸位都听到过，来自北卡罗来纳州伊隆大学彼得·费尔顿（Peter Felton）的发言。他有一本书专门探讨这个问题，关于创造健康、丰盈、互相促进、互相成就的教学环境。我认为，现在比任何时候都需要做到这一点。

我的报告即将结束，我仍想引用托尔金的话进行总结，让我们回到最初的起点。我可能在一大堆不同的领域里兜兜转转，走了很多弯路，但我们要时刻牢记，"并非所有流浪之人都会迷失方向"。因此，希望在演讲结束之际，在座各位没有完全迷失方向。很荣幸今天能与诸位同仁相聚，让我可以在这片属于我们的空间里四处游荡，上下求索。

非常感谢。期待大家的反馈与提问。

**参考文献**

[ 1 ] BENTSEN P, JENSEN F S. The nature of udeskole: outdoor learning theory and practice in Danish schools [J]. Journal of Adventure Education and Outdoor Learning, 2012,12(3): 199 - 219.

[ 2 ] EVANS N, ACTON R. Narratives of teaching in outdoor and environmental education: what can we learn from a case study of outdoor education pedagogy? [J]. Journal of Adventure Education and Outdoor Learning, 2022,22(3): 214 - 227.

[ 3 ] HUNTER J, SYVERSEN K B, GRAVES C, et al. Balancing outdoor learning and play: adult perspectives of teacher roles and practice in an outdoor classroom [J]. International Journal of Early Childhood Environmental Education, 2020,7(2): 34 - 50.

[ 4 ] SHUME T J, BLATT E. A sociocultural investigation of pre-service teachers' outdoor experiences and perceived obstacles to outdoor learning [J]. Environmental Education Research, 2019,25(9): 1347 - 1367.

[ 5 ] LOUV R. Last child in the woods: saving our children from nature-deficit disorder [M]. Algonquin books, 2008.

# Using nature to encourage creativity and joy in student learning

## Patrick T. Maher

**Abstract:** This paper is based on a presentation given by Professor Patrick T. Maher of Nipissing University at the 4th Chinese Scholarship of Teaching and Learning Meeting. Based on research data from Europe and the United States, Professor Maher first discussed how people in the information age have become so addicted to the digital world that they have become detached from nature, further affecting their physical and mental health. Next, Professor Maher further discussed the need for teachers and scholars to be creative in teaching outdoors at the higher education level, including how to balance virtual space with classroom space and outdoor space, and how to use nature to stimulate students' creativity and interest in learning while ensuring students' safety and teaching quality, so as to give them a better education. Finally, Professor Maher discussed in depth how to integrate and maximize nature, creativity and fun in the teaching of courses, especially in the post-epidemic era of online and offline hybrid teaching, and how it is crucial to create a teaching environment where teachers and students can promote and achieve each other.

**Key words:** outdoor teaching; interest in learning; creativity; hybrid teaching